梅干与武士刀 2

[日] 樋口清之 著
杨晓钟 张建宇 译

陕西新华出版
陕西人民出版社

图书在版编目（CIP）数据

梅干与武士刀. 2/（日）樋口清之著；杨晓钟，张建宇译. —西安：陕西人民出版社，2024.5
ISBN 978-7-224-15118-3

Ⅰ.①梅… Ⅱ.①樋… ②杨… ③张… Ⅲ.①文化史—日本 Ⅳ.①K313.03

中国国家版本馆 CIP 数据核字（2023）第 187856 号

著作权合同登记号　　图字：25-2023-315

ZOKU UMEBOSHI TO NIHONTOU: NIHONJIN NO KATSURYOKU TO
KIKAKURYOKU NO HIMITSU by Kiyoyuki Higuchi
Copyright © Kiyoyuki Higuchi, 2014
All rights reserved.
Original Japanese edition published by SHODENSHA Publishing Co., Ltd., Tokyo.
This Simplified Chinese language edition is published by arrangement with
SHODENSHA Publishing Co., Ltd., Tokyo in care of Tuttle-Mori Agency, Inc., Tokyo
through Inbooker Cultural Development (Beijing) Co., Ltd., Beijing.

| 出 品 人：赵小峰
| 总 策 划：关　宁
| 策划编辑：王颖华
| 责任编辑：王颖华
| 封面设计：苏　潼　姚肖朋
| 版式设计：白明娟

梅干与武士刀 2
MEIGAN YU WUSHIDAO 2

| 作　　者　[日]樋口清之
| 译　　者　杨晓钟　张建宇
| 出版发行　陕西人民出版社
| 　　　　　（西安市北大街 147 号　邮编：710003）
| 印　　刷　陕西龙山海天艺术印务有限公司
| 开　　本　787mm×1090mm　32 开
| 印　　张　6
| 字　　数　113 千字
| 版　　次　2024 年 5 月第 1 版
| 印　　次　2024 年 5 月第 1 次印刷
| 书　　号　ISBN 978-7-224-15118-3
| 定　　价　49.00 元

如有印装质量问题，请与本社联系调换。电话：029-87205094

前 言

樋口清之

无论我们是否愿意，我们是日本人这一事实都无法改变。我们是日本人又如何呢？在谈及义务、权利之前，我想先聊一聊更为基础的文化素养。很多日本人缺乏对自身的充分了解，有时会过分夸大自己的能力，有时又对自己评价过低。毫无疑问，日本人相信假象。特别是近三十年来，日本人难道不是一直抱有虚假的自卑感吗？时至今日，这种自卑感难道不是与日本人的不幸紧密连接在一起的吗？基于此，我出版了前作《梅干与武士刀》。

鄙人才疏学浅，幸得广大读者不吝赐教，及时指出了我的记忆错误与书中疏漏之处。同时，我也收到了很多读者的鼓励。我以实证资料为基础，漫无目的地写出了诸多事实。然而，这些事实却成了新鲜的知识。我震惊地意识到，现在的日本人对于自身的理解是何等浅薄。许多事实尚未言尽，故而出版此书作为续篇。虽已成书，但仍有问题必须指出，留待将来刊误。

总之，日本人兼具复杂的性格、思考方式与能力。其生活环境与民族形成的人类学条件以及历史体验具有多面性与多重性。本书与前作皆有赖于细川人势先生，特此鸣谢。

目录

第一章 东京相形见绌！江户不可思议的"城市规划"

——为防备所有灾害而建造的江户街道 　　001

从海啸之力看堀川保护江户街道的智慧 　　001

在德川家康周密的规划下创建了江户 　　003

为什么东京的地理这么难明白 　　004

螺旋状的江户道路 　　006

东京繁华的基础始于江户时代 　　007

海、平原、河川……江户符合成为世界大城市的条件 　　009

涩谷的中心街不是"山手" 　　010

起到堡垒作用的增上寺与宽永寺 　　012

堪称完美的"五街道"防线 　　014

为何只有甲州街道是直线道路？ 　　016

移神田山，填筑丸之内 　　017

"江户式的鱼"指的是皇宫前的烤鳗鱼 　　019

水路、防火、防灾……多措并举的江户运河 　　021

支撑人口集中的惊人的计划性 　　023

地下水道的长度竟有6.5千米	025
利用虹吸原理，水流到了江户城内	027
大名的府邸也成了平民的避难所	028
使银杏和梧桐成为防火带，这是平民的智慧	030
常备避难用的千石船——鲸船	031
"江户是世界上最美的城市"——来自一位传教士的记录	033
从"伊吕波四十八组"看消防制度的计划性	034
江户人"不留隔夜钱"的理由	036
明历大火烧死了江户一成以上的人	038
浅草储存救灾粮的"救灾小屋"	039
元禄时代，江户人口已经是世界第一位	040
为什么只要三代人在江户居住，就可以成为江户人呢？	042
彻底的女尊男卑的江户时代	044
远山金四郎担任知事、警视总监、法院院长三个职务	047
江户一次暴动都没有发生过	048

第二章　日本从江户时代起就是"教育之国"

——如果你认为农民不识字，那就大错特错了	051
江户时代的大部分农民都识字	051
为了生活，识字、写字是必要的	053
日本的教育制度始于奈良时代	055
三次落榜昌平黌，无法继承户主之位	056
藩校多达二百五十所，寺子屋超过一万所	058
寺子屋的教育方法是手把手教学法	059

教育高度发展，平民自食其力 061

比起现代，江户时代在"培养个性"方面做得更好 063

寺子屋的学费为两千五百日元左右 064

从技术上讲，江户时代的刀比古刀更精良 066

学徒制度中卓越的体验教育法 067

僧侣的终身教育——禅问答 070

茶道与插花不属于新娘的修行，而是社会教育 071

小笠原流教授的是为了生存下去的礼仪 074

小笠原流是江户时代"躾"的基础 076

把瓦版当作报纸的鼻祖，可就大错特错了 078

证明江户时代文化水平的瓦版与租书店 080

便携砚台盒是出色的便携式文具 082

第三章　意外！自古以来日本的根基是"横向社会"

——纵向与横向重叠的日本社会 083

所谓的封建，可以与负面事物画上等号吗？ 083

"士农工商"一词展现出横向社会 085

武士不过是名义上的统治者 087

五人组制度不同于战争中的邻组制度 089

日本不存在支配共同体的共同体 090

五人组是农民的相互救济制度 092

什么孕育了里长屋的人情 093

弑亲、弑主为重刑 094

孔子的儒家思想在中日两国的理解不同 095

近松将"忠"字颠倒,拆解为"心中"二字	097
为了魂的再生而饮酒	099
"喝一杯吧!"日本人的关系就会变好	101
美丽的日本风俗习惯——把点心分给邻居	102
西方人无法理解的"饮上司或长辈的杯中酒"	104
日本企业以家族意识为基础	106
日本没有"被骗的人不好"这种说法	108
为何事情告一段落后会吃荞麦面?	110
理发店、澡堂都是身体接触的场所	112
"看戏"是为表达对神佛的感谢	113
互助意识孕育出借贷的智慧	114
江户时代的"讲"立足于相互信赖	116
日本人的善良——欢迎身无分文的旅行者巡礼	118
"请嘲笑我"有行刑的意思吗?	120
"吃同一锅饭"就是最好的朋友	121

第四章 日本文化是一种灵活的"扩建式"结构

——贪婪地吸收了所有事物的日本多层社会	125
炸豆腐团的灵感来源于炸肉饼	125
竹轮原本叫"蒲鉾"	128
诞生于日本风土的贪欲的智慧	130
为什么只有日本人喜欢"煮"米饭	131
在江户时代,大米的品种已经改良了九十六种	133
苛刻的岁贡推动了农业技术的进步	135

"扩建式结构"体现了日本人的强大	137
日本的味道就是日式酱油的味道	138
为什么关东的酱油味道更浓呢	140
日式牛肉火锅起源于日本人的不讲究	142
酱汁和酱油的决定性差异	144
日本的烹饪方法需要长时间的经验积累	147
日本料理的精髓是亲近自然	149
把地板视作道路延伸的西式住房	152
奈良时代就已经能够烧制砖块,却为何弃之不用呢?	154
木制与纸制的房间更适合潮湿的日本	156
凡尔赛宫和伊势神宫的差异是什么?	158
权力的象征——东照宫,精神的象征——桂离宫	160
"日本建筑缺乏连贯性"只是肤浅之见	163
为何在高松冢古坟中看不到佛教色彩	165
秉持开放宗教观的日本人	167
"神道教式的婚礼,佛教式的葬礼"并不矛盾	169
为什么江户人如此喜欢祭典	170
确认连带意识的三大祭典	171
为什么直到幕府末期江户都没有爆发过动乱呢?	174
宗教人口是总人口的1.5倍,令人不可思议	175
日本宗教的共同点在于"祭祀先祖"	178
这种灵活的精神构造才是真正重要的	179

第一章

东京相形见绌！江户不可思议的"城市规划"
——为防备所有灾害而建造的江户街道

从海啸之力看堀川保护江户街道的智慧

现在，东京湾的防潮堤高出海平面约四米，这与江户时代的防潮堤相比，高出了约三米。假如发生震源在相模湾①一带的关东大地震级别的地震，海啸则会向东京湾袭来。强大无比的海啸之力将会以风暴潮的形式袭击东京，能够抵御它的只有东京湾的防潮堤。那么，高出海平面区区四米的防潮堤真的能够抵挡住吗？

如果风暴潮袭击了东京，江东区、葛饰区的低洼地区自不必说，银座、有乐町与新桥都将会被含有盐分的海水浸泡。

日本的住宅几乎都是木造的。不只是房子，也有很多木制的

---

① 相模湾：日本三浦半岛与伊豆半岛之间的半圆形海域。全书脚注为译者加注。

家具与日常用具。

就像木制船的使用寿命较短一样，木材泡在盐水中会极不牢固。风暴潮带来的海水几天甚至几十天积存在街道上的话，将会给住宅带来严重的损伤。风暴潮强大的破坏力自不必说，它的恐怖之处在于海水长时间地浸泡地面。这种恐怖对于为了应对潮湿、温差大的气候而选择木造房子的日本人来说是宿命。

江户时代的东京，也就是江户，经常会和这种宿命抗衡。

江户人选择的方法是在江户市区纵横交错地布满堀川。例如，三十间堀是条运河，流淌于自现筑地①的胜关桥附近到歌舞伎座附近。所谓运河，自不必说，就是人工修建的河道。堀川是为了运输木场的竹子与木材而修建的水路。猪牙船②除了可以运送人，还有另一个大用处，那就是承受汹涌而来的风暴潮的能量。袭入江户城的海水流进堀川，就会快速地流回海里。因此，可以把堀川称为海水重返海洋之路。风暴潮袭击银座时，三十间堀会吸收并扩散风暴潮的能量，当风暴潮退去后，海水会再度流入海里。这样就可以防止海水长时间积存于街道。堀川的智慧也是日本人顺应自然的一个绝佳例子。

然而，在第二次世界大战后，为使交通更加便捷，抑或因土地不足，三十间堀被填平。因同样原因被填平的还有八丁堀。

---

① 筑地：位于东京都中央区隅田川河口附近的地区。
② 猪牙船：形状像猪牙，舟身较轻便。

东京都加高了防潮堤坝的高度，但很难保证风暴潮不会漫过堤坝，袭击东京都。假如海水侵袭到了银座，无法回流的海水很可能会积存数日，使得所有建筑均遭腐蚀。

我总觉得，总有一天，填平堀川是会付出代价的。

自然之力无法估计。江户时代的人们虽没有意识到这是科学的，却用极具科学的构想创造出了堀川，此举使得江户近三百年间免于水灾。

在德川家康周密的规划下创建了江户

在本节中，我将以江户为中心，进一步讲述江户时代的人们以何种构想来建造江户，以及这些构想最后有了怎样的结果。如上所述，以堀川为例，一定还有更多的智慧。

我是研究史学的，史学是学习过去，并将历史经验活用到现在的学问。

有人说："明治时期的人非常厉害呀，在很短的时间内就把日本从落后的国家变成世界一流的国家。"

然而，这种想法是不正确的。明治时代的人固然伟大，但明治以后能够迅速焕发现代化的能量与活力之源恰恰是先于明治的江户时代。

很多人认为日本人没有目标，缺乏计划，日本人的代表就是江户人。江户人总是给人及时享乐、"今朝有酒今朝醉"的印象。

但是,日本人真的缺乏计划性吗?江户时代的人真的没有目标吗?

我们来思考一下江户的城市建设。

优秀的城市需要兼具功能性与合理性。例如,城市区划分明,易于探知;人或物资转运通畅等。从这些角度考虑的话,江户确实与以前的京都、大阪相差甚远。

实际上,如果有人从地方来东京拜访亲朋好友的话,一定有虽然拿着写有地址的纸片,却还是迷了路的经历。即使是住在东京的人也会有因为走错而迷路的时候。

理解东京的全貌简直就是不切实际,我们无法归纳出东京的形象。如东京规划较差,道路复杂,很容易堵车,而且每天都在修路。很难想象,东京是在周密的城市规划下建造而成的。

然而,东京确实是经过规划建造而成的。而且是投入了比其他任何城市更多的人力。建造东京,始于德川幕府。

为什么东京的地理这么难明白

"丸之内好四方,赶骤雨进边江",这首川柳①是在江户时代

---

① 川柳:日本诗的一种,与俳句一样,也是17个音节,按照5、7、5的顺序排列。川柳的内容大多是调侃社会现象,内容轻松诙谐。

创作的。

丸之内指的是从皇居前的广场一带到东京站的八重洲口一带。这一带从江户时代开始就有直线道路交会的十字形交叉的棋盘式街道。而且，在亲藩①中，与德川家极为亲近的诸大名的常住宅院排列得井然有序。

棋盘式街道在京都和大阪一点也不罕见。但是，江户人用川柳调侃它，可见这样的街道在江户城内一定非常罕见。江户城内的路基本上都是曲线形的。

事实上，如今的东京，有多条复杂的曲线道路。为什么德川家康要把江户城内的路建成曲线道路呢？

其原因是为了对抗德川家康统一天下时起决定性作用的近代兵器——枪。因为子弹只能直线飞行，所以在道路为曲线的城市，子弹就起不到任何作用。也就是说，江户城市规划的主要目标是建造难以攻击的防御型城市。

以曲线道路规划的城市并不少见，欧洲有很多环形道路与放射状道路组合而成的城市，如巴黎。大正中期的东京市长后藤新平提议将东京建设成环形道路与放射性道路的城市。今天，东京的城市规划构想也是在此基础上延伸而来的。

---

① 亲藩：德川家康以后的德川氏近亲中成为大名的藩。

螺旋状的江户道路

天正十八年（1590年）八月一日，德川家康在关八州（实际上并非关八州）从丰臣秀吉那里得到四百万石俸禄，第一次进入江户。江户市民把八月一日称为八朔①，以此来庆祝，亦源于此。家康来之前的江户城，是由太田道灌在约一百三十年前建造而成的。当然，当时的江户城并不像今天这么大。当时的日比谷是入海口，丸之内是一片被波浪掩盖的浅洲，其间有一座半岛状的丘陵，那里便是旧江户城。江户是江的门户，意思是陆地的尖端，和水户的语源是相同的。

在半岛状的丘陵上，本丸、二之丸、三之丸依次而建。

丰臣家关原合战战败后，德川家康才开始整修江户城。他首先填筑了西之丸，接着填筑了西之丸的城郭，也就是今天的皇居前广场。然后填筑了西之丸与西之丸城郭的连接处，也就是今天的二重桥入口。这里以前有练弓的靶场，所以叫作靶场城郭。接下来依次建造了西之丸以西的吹上城郭、以北的北城郭、从北向东的带城郭。

这样就形成了本丸、二之丸、三之丸、西之丸、西之丸城郭、靶场城郭、吹上城郭、北城郭、带城郭这九个城郭。从空中

---

① 朔：朔是每月第一日的意思。

看，它们就像时钟旋转的指针一样，呈螺旋状。也就是说，从最下面的带城郭到本丸呈漩涡状。这就是江户城城郭的基本形态。

城郭的形态有很多种，其中心大多是本丸。以本丸为中心，二之丸、三之丸像洋葱一样环绕于外围。城郭很少建造成螺旋形。螺旋形城郭呈曲线，不易使用步枪，能够进攻的地方往往只有一处。考虑到日本地震多发，不能筑砖墙，很难想象能有比江户城更坚固的城郭了。从防卫的角度来考虑，我认为，这是最好的建筑形式。

江户的城市规划完全实践了螺旋形构想。

江户城被称为海螺城。街道的结构也以城为中心，将曲线道路形成螺旋形向外层层延伸。曲线道路和曲线道路之间就像蜗牛壳的褶皱一样用小路进行连接。因而，绝对不会呈十字形交叉在一起，而是一点一点逐渐弯曲。

因此，没有必要建造一条直接通往中心的直线放射状道路。但有一个例外，那就是稍后我会提及的甲州街道。

东京繁华的基础始于江户时代

螺旋形道路的两侧建有商人、武士的住宅。这些住宅本身就是一个个堡垒，但从外观看不出来。而且，随着人口的增加，螺旋之环愈发坚厚，江户城的防御也就愈发牢固。人住得越多，就越能保护江户城，这就是江户城市规划的原点。这一规划虽极具封建性，却充满了令人惊叹的智慧。

这种构想究竟是从哪里产生的呢？我们很难认为，此种构想受到了中国或是西方的影响。我认为，自从步枪传入日本以后，日本人从多次的战争经验中发现了步枪的弱点，总结出了理想的防御城市，从而诞生了世界上形式少见的螺旋形城市——江户。

这些智慧不仅体现在城市规划上，还体现在各个方面。江户因此维持了二百六十多年的繁荣，并引领了今日的东京。

然而，这一构想发源于德川将军守护江户城的利己主义思想。江户作为城市还有诸多缺点，从而导致了如今的城市问题，如规划复杂难懂，没有方向感，直线道路少，汽车无法畅行。

对外来人员来说，东京是难以理解的，但这些缺点恰恰是促使他们定居下来的动机。随着在东京居住的时间越久，就会越来越方便，心理上的依恋也就越来越深。而且，越是复杂的事物越会让我们每天有新的发现，不会让我们的感受停滞不前。这是世界上最复杂的城市——东京的巨大魅力，这也是今日东京充满活力的城市基础。

作为现代城市，重要的是城市的划分必须简单易懂，人和能源的流动必须畅通无阻。但更加重要的是，城市本身不会停滞和死亡。而且，卓越的、有规划性的城市建设并不是一旦规划好就永久不变，而是要有能够应对各种变化的灵活性。

从这一层面来看，东京是在深度规划的基础上建造的城市。

海、平原、河川……江户符合成为世界大城市的条件

德川家康从丰臣秀吉手中得到关八州、四百万石俸禄时，定居的候选地有三个——曾经的政治中心镰仓、德川家康亲自攻打下来的小田原以及江户。其中最不发达的就是江户。

德川家康进入江户时的记录如下："江户城的建筑物全部都是茅草屋顶，榻榻米都破旧了，走廊踩起来也是轻飘飘的。"

太田道灌建立起江户城之后，就没有对其进行大规模的整修。江户城的情况是相当糟糕的。

关于城外，《天正日记》记载如下："有多条街道，有十二条纵向街道，三十四条横向街道。各处房屋烧毁，故不能确定数量。"此外，《岩渊夜话别集》中也有关于江户的记载："涨潮时海水涌入（江户）东面的平地，茅草地上交杂建有不到十町①的町屋和侍屋，西南方向则是茫茫一片的萱原武藏野，望不到尽头。"总之，当时的江户接近荒野。然而，德川家康还是选择了江户。

展开今天的地图一看，便能够知晓理由。小田原后面紧挨着箱根的山，没有腹地且港湾较小。镰仓则地盘狭小且没有大河。

---
① 町：日本土地面积的单位。

与小田原、镰仓相比，江户位于关东地区的中心，相当于关东的扇轴。其腹地是广阔到"不知从哪里划分才好"的关东平原。前面临海，旁边是隅田川这条大河。

以旁有河流、前有大海、腹地宽广的英国伦敦为例就可以明白。这是大城市最基本的成立条件。

德川家康选择江户是因为他拥有建造大城市的丰富智慧。甚至可以说，在当时，他已经筹谋好要一统天下，把江户发展为大城市。

丰臣家从治理天下的太政大臣跌落为俸禄六十万石的大名，德川家康于庆长五年（1600年）发动了关原合战。这期间，德川家康都未对江户城进行修建。元和元年（1615年），丰臣家因大阪夏之战而覆灭，德川家康才开始进行整修。

这其中有诸多原因。我个人认为，只有这样，德川家康才可以安心地按照理想的城市规划修建江户。事实上，他的计划极为远大，甚至从根本上改变了江户的面貌。

涩谷的中心街不是"山手"

如前所述，天正十八年（1590年）进入江户的德川家康，为了制定江户城市规划，每天都会带着骑马高手内藤骏河守对江户展开调查。

他的核心问题是建造一个"难以攻陷的都市"。基于这一构想，他进行了土地规划，安置大名、神社、寺庙、旗本①、商人。

首先，德川家康花了数日从品川开始视察了山手丘陵。严格来说，山手位于垆姆层丘陵上，它的范围是从品川的丘陵到芝，从麻布到麹町、牛込、田端的丘陵台地。

今天，有人因为山手环状线而误以为山手指的是五反田、目黑、涩谷等已经建成的山手环状线的外侧。其实山手线原为品川铁路，是连接品川与赤羽之间的铁路，后来成为环状线路。因为将其命名为山手线，所以产生了误解。旧江户府内的范围截至宫益坂，今天的涩谷中心街则是江户的府外，当时还是乡下。

德川家康在划分土地时，最费心思的是"五街道"②的周围，也就是江户的入口。"五街道"在德川家康来到江户之前就已经有了雏形。东海道自不必说。甲州街道在当时不叫甲州街道，当时是一条从武藏府中到下总府中（今千叶县市川市）的路。这些街道的出入口占据着大片土地，被有实力的大名控制。

中山道的板桥有前田家，奥州、日光街道的千住有水户家，甲州街道的新宿有前文提到的内藤家，东海道的品川则是伊达家与毛利家。

在这样划分土地之后的某天傍晚，德川家康来到今天甲州街

---

① 旗本：俸禄在一万石以下、五百石以上的直属将军的武士。
② "五街道"：是日本江户时代以江户为起点的五条陆上交通要道，分别是东海道、中山道、奥州街道、日光街道、甲州街道。

道的出入口——四谷大木户，对随从内藤骏河守说："今天来到了这里，这里位置很重要，你想要这里的多少土地都可以。"善于骑马的内藤说："如果可以的话，我想骑上马，马跑到哪里，我得到的土地就到哪里。"家康说："有意思，我满足你的要求。"这故事如此梦幻，但却是历史上真实发生过的事情。内藤骏河守骑上马跑得很远。结果，马跑了太远，倒在地上累死了。今天新宿御苑的旁边还残留着马冢。

内藤骏河守在当时只不过是一个俸禄两万五千石的小大名。就因为把广阔的新宿御苑变成了下屋敷①，所以后来吃了不少苦头。仅仅造院墙就花费了一大笔钱。直到明治维新，甲州街道的新宿一直在那里，新宿御苑附近则被称为内藤新宿。

起到堡垒作用的增上寺与宽永寺

德川家康想让大名守护江户的街道，于是把与自己亲近的大名的宅院安置在街道的出入口。

接着，设神社、佛阁。

大手门②前还留有平将门的首冢，那里最初是神田明神③。江户城最重要的大手门前有座神社是不便的，所以索性就把神田明

---

① 下屋敷：江户大名的郊外别墅。
② 大手门：位于皇宫东御苑的东侧，曾经在1620年被建为江户城城门。
③ 神田明神：位于日本东京都千代田区的神社，又称神田神社。

神移到了现在明治大学所在的骏河台。但是，骏河台需要安置大名的宅邸，就把神社又移到了今天的汤岛。这也表明，虽是神社、佛阁，但为了江户城的防卫规划也可以随意移动。

芝的增上寺最初是在麴町三号街，因为需要把三号街改建为旗本宅邸，所以把增上寺移到了芝。芝面向东海道，把院落宽广的增上寺移到此处，待敌人进攻东海道时，增上寺就成了防御线。当时，增上寺有一万石领地，是关东净土宗的总寺院，亦是江户幕府的菩提寺。

宽永寺在上野，是天台宗的关东总寺院。京都的仁和寺、（滋贺县的）延历寺等源于年号的寺庙规格都很高。上野是奥州街道和千叶街道的要地，对幕府来说，是防御东北部势力的重要据点。

特别是上野的山，海拔约与江户城同高，而且江户附近也没有其他的大山，因此可以在战争中占据有利地形。

增上寺和宽永寺都是作为江户的防御线而设立的，所以其建筑与城郭相同，如其墙壁涂有不可燃物质、在屋顶上放置瓦片等。

在幕末"彰义队之变"时，宽永寺就发挥了作用。十五代将军德川庆喜在涩泽成一郎率领的彰义队①的保护下进入了上野东

---

① 彰义队：以德川庆喜心腹旧幕臣为中心组成的志愿队，以护卫德川庆喜和警备江户的名义占据上野宽永寺。

睿山的宽永寺。

由信赖的大名守护街道的出入口，连神社与寺庙也纳入防卫规划中。乍一看江户城毫无秩序，但这不是很有计划性吗？

堪称完美的"五街道"防线

除了上文提到的防卫规划，幕府还在"五街道"的出入口设置了驿站。江户城内与幕府外的交界处的外围，建立了一经过出入口马上就能达到的以旅馆为中心的宿场①。如东海道有品川的宿场，中山道有板桥的宿场，奥州街道和日光街道的中途交会处有千住的宿场，甲州街道有稍后建立的内藤新宿。因此，可以认为，过去的江户就是连接宿场与宿场的内围。当时，用红色的线在地图上标识边界线，称为"朱引内""朱引外"。

"朱引外"的宿场之外的周边地区被称为江户近郊领地，这些领地分散给神社、寺庙、旗本、各藩大名。虽然是小领地，但是如果种植青菜或芋头的话，就能实现自给自足。同时，这些领地虽然面积小，但毕竟各有其主，别人不能随便使用。这也是防卫的智慧。

这样的安排使得人们若想进入江户，就必须要通过"五街道"。

---

① 宿场：江户时代对驿站的称呼。

即便在"樱田门外之变"或"坂下门外之变"等幕末内乱时期,勤皇派、倒幕派的志士们都没有进入东海道。他们离开"五街道",集结在目黑街道的大鸟神社,经过行人坂进入江户。之所以走这条路,是因为此路没有关卡。除"五街道"外,不经过城门进入江户简直是痴人说梦。这也说明"五街道"充分实现了保卫江户的目的。

如前所述,进入江户以后,是以江户城为中心的螺旋形街道。

麹町、赤坂、丸之内的武家住宅区,筑地、日本桥、神田、浅草的商人住宅区。城外护城河将武家与商人住宅区围了起来。从东南的芝口门开始,幸桥门、虎门、赤坂门、喰违门、四谷门、市谷门、牛込门、小石川门、筋违门、浅草门这十一门和水道桥、圣桥、昌平桥这三座桥,成为连接城外护城河内外的出入口。这些"门"的外侧分别设立了"见附"①。时至今日,也能见到赤坂见附、四谷见附等地名。

以上所有建筑环绕在江户城周围,构筑了名副其实的铜墙铁壁防卫线。只有与江户城相交的甲州街道以及"丸之内好四方,赶骤雨进边江"的丸之内是直线道路。那么,这两处为什么会是例外呢?

---

① 见附:面向瓮城城门外侧的哨兵岗哨。

为何只有甲州街道是直线道路？

甲州道路与江户城相交之处是甲州口御门、吹上御门，俗称半藏门。半藏门之外是现在的英国大使馆所在的番町。服部半藏率领的两百名伊贺众分为六队，分别居住在一番町至六番町，故俗称半藏门。他们平时以吹上御庭的御庭番①的名义，负责江户城内的警务工作。相当于现在的皇宫警察。如果将军身陷危险，必须离开江户城，这些伊贺众就会护卫将军，穿过四谷大木户，逃往甲府城。因此，只有甲州街道是直线道路，可以直抵江户城。丸之内也安排了能够一直守护将军的大名，其目的也是为了将军能有一条退路。

还有一条直线道路，它是从护国寺（文京区）前开始，直到曾有神田上水道②之关的关口台町。

这条直线道路与防卫没有关系。曾劝诫五代将军德川纲吉颁布《生类怜悯令》的著名的纲吉生母"本庄阿玉之方"（桂昌院）非常尊重高僧隆光，先是让隆光祈祷纲吉的诞生，又让他管理备受尊敬的亮贤建造的护国寺。阿玉之方是京都人，所以在侍奉她的侍女中，京都人居多。她们怀念京都，想在江户建造京都的名

---

① 御庭番：江户幕府的官职，通常负责将军内院的勤务、警务，有时作为将军直属的密探，探听市内的传闻、大名的动向。

② 神田上水道：江户初期修建的上水道。

胜——音羽之瀑,所以特意从池袋的水池引水,建造了人工之瀑。这就是今天的音羽这一地名的由来。当时,她们模仿京都的街道,把护国寺当作皇宫,从那里修建了与朱雀大街相似的直线道路。

阿玉之方等人怀念京都整整齐齐的街道,也说明江户的街道与京都完全不同。

德川家康究竟是模仿哪座城市建造了如此完美的防卫城市——江户呢?

来江户之前,德川家康常去的城市是京都、堺市①。然而,他却建造出了既非京都也非堺市的江户,这说明德川家康深知京都和堺市的缺点。从这个意义上来说,江户是一个独创性极高、引人注目的城市。

移神田山,填筑丸之内

一个城市,无论防备多么严密,只要不适合人类生活,就毫无意义。更何况,江户是把市民的生活作为防卫的一环来考虑的。因此,江户必须成为一座具有魅力、可以吸引市民长期居住的城市。

对于市民来说,最可怕的是战争与自然灾害。从这个意义上

---

① 堺市:位于大阪府中南部。

来说，江户是防卫城市的同时，也必须成为防灾城市。

日本是一个自然灾害频发的国家，袭击日本的台风、地震和饥荒就像每年的例行活动一样准时发生。日本人应对自然灾害的方法，我在上一本书中有过论述。江户的都市规划也集中了这些智慧。

如前所述，德川家康来之前的江户，到今天的日比谷、丸之内都是大海。

太田道灌时代，现在的内樱田门是正门，门上有太田家的家纹——桔梗纹，故俗称桔梗门，门角有望楼。此望楼是经常拍纪念照的双层望楼，被称为汐见橹。据说当时人们通过这个望楼观察潮涨潮落，以此来判断船只进出的时机。

宽正五年（1464年），太田道灌前往京都，在答后花园天皇的一首著名的和歌中写道："家住松原处，比邻沧海边。轩窗遥望处，巍巍富士山。"

由此可见，德川家康来之前的江户，今天的内樱田门附近是大海。

德川家康首先对西之丸城郭，即今天的皇居前广场到丸之内一带进行了填筑。虽说是浅洲，但要填海也是一项艰巨的大工程。德川家康首先让各大名为千石船提供两到三名小工，让小工们住在汐见橹附近建造的小木屋中。然后，挖掉神田山，将其填筑丸之内。神田山的范围从现在骏河台一直延续到国电（现在的

JR 铁路）的神田站。因为神田山被挖掉了，所以神田成了平地。可想而知，这是一项何等浩大的工程。

"江户式的鱼"指的是皇宫前的烤鳗鱼

因为是小工们的餐食，所以白天会做很大的手攥饭团。手攥饭团的分量很大，所以只配上了大酱汤，并没有别的小菜。以此为商机，卖小菜的买卖就做起来了。从工地附近的沼泽地里捕捉鳗鱼，然后，把鳗鱼切成大块，竖着串起来，烤一下，再刷上大酱汤汁，就开始卖了。切成大块、竖着串起来的鳗鱼好似宽叶香蒲的形状。

这就是最初的"江户前的烤鳗鱼"。

"江户前"指的是旧江户城的城前，也就是现在皇宫前的广场，并非东京式之意。填海造陆的工程结束后，散落在日本全国各地的返乡的小工们一听到"江户前"就会想到江户。结果，"江户前"就成了江户式，进而成了今天所说的东京式。甚至连寿司和荞麦面都有了江户式，也就是东京式。

之后，一提起"江户式的鱼"，指的就是品川的洲崎岛上的木桩与深川洲崎岛上的松树桩所形成的直线内侧的海域捕捉上来的鱼。也就是黑鲷鱼、白鱼、竹荚鱼、鳗鱼、鲻鱼等在隅田川的入海口附近捕捉上来的鱼。但是，究其根本，"江户式的鱼"最初指的是由皇宫前的沼泽地里的鳗鱼做成的烤鳗鱼。

这项填海造陆工程开发出了三百三十多町（约三百三十公顷）的新地，从日本桥滨町附近一直到西南一带，也就是现在的新桥附近。

之前是南町奉行所，现在是银座马里昂大楼。之前是精通茶道之人织田有乐斋的府邸，现在是有乐町。还有，之前是岛津家的府邸，现在是帝国酒店的周边一带。自不必说，银货铸造所的银座以前也都是海。这项填海造陆工程就是把这片海域填筑了。

伊势出身的商人深川八郎右卫门受德川家康之命，从元和元年（1615年）左右开始填深川造筑地。深川八郎右卫门留下了一条名为小名木川的直线运河，用船把土和泥从上总（现在的千叶县）和神田方向运送到此填海造陆。甚至把粘在船底的淤泥也刮下来造地。

筑地这一地名就是来源于填筑新土地。

以曾经是入海口的不忍池的沿海一侧为首，佃岛、永代桥周围、月岛、灵岸岛等，这些岛屿和新开发的地区就是通过填海造陆形成的，于是，江户也就有了如今的景象。

填海造陆并没有技术含量。仅仅就是在海底打上木桩子，然后再把泥运过来填入海里。但是，考虑到需要为此投入的人力，就能够想象到这是一项多么远大的计划。此举不仅仅是为了扩大人们的居住地。

水路、防火、防灾……多措并举的江户运河

时至今日，为了开发，还在连续不断地填海造陆。在这些造出的陆地上，有着纵横交错的堀川，堀川具有重要意义。本书的开头部分，叙述了堀川对自然灾害的防御作用。此处，我想就堀川的水路作用进行阐释。

随着江户城内人口的增加，道路的修整、防火、防灾，再加上粮食、饮用水的保障，这些都成为非常重要的问题。

今天，运送粮食使用的是火车和货车，可是当时并没有这么便利的交通工具。只能利用船来运送大量的物资。

如前所述，为了防卫江户城，城中的人口越来越多。随着人口不断增加，所需的粮食与生活物资如何才能从生产地运送到江户城就成为问题。例如，仙台的米、三浦半岛的鱼、关西的酒，由于当时陆上运输力量有限，这些物资的运送就变成了亟待解决的问题。

由填海造陆形成的堀川能够解决这一问题。至少，在开始填筑丸之内的时候，当时的人们就已经想到了这个问题。所以，在填海造陆的时候，他们就把堀川留了下来，没有填筑本应填筑的海域。所以，在这些造出的陆地上，诞生了纵横交错的堀川。

现在的歌舞伎座附近，有前文已叙述的三十间堀。这条河是

在第二次世界大战之后才被填埋的,此前是一条从木材场运送竹子和木材的水路。运送过来的竹子和木材卸在木挽①町,木挽町的伐木工们对其进行加工。木挽町这个地名就是由此而来。木挽町建在郊区,也建有戏园子。

再就是日本桥的堀川,它与重要的陆地道路——日本桥交叉相连。日本桥有带商品名的河岸,如大根②河岸、铠河岸、兜河岸。所谓的河岸,就是港口的意思。也就是说,日本桥的河岸全是港口。运送过来的蔬菜会卸在大根河岸。于是,就有了竞市③,仲买人④在此进行买卖。

这样一来,堀川作为江户城中的粮食和生活物资的供给动脉,发挥了重要的作用。

堀川之上,往来有船头尖尖的猪牙舟,相当于现在的水上出租车。乘坐猪牙舟,从新桥经过三十间堀,来到隅田川,到达日本堤,在这里下船就可以去到吉原的花街柳巷。虽然这不是一个好例子,但是即便在此种情况下,也可以乘猪牙舟。之后,出现了带有茶馆的船——舟茶屋,营造出了江户风情。

除了运送人和物资之外,堀川还发挥着重要的作用。

由于江户时代的灭火方式并不成熟,所以纵横于下町的堀川

---

① 木挽:日语中的"木挽"是伐木工人的意思。
② 大根:日语中的"大根"是萝卜的意思。
③ 竞市:交易市场。
④ 仲买人:介于卖方与买方之间的特殊中间商。

成了防止火势蔓延的防火带与灭火用水的供给源。但是，如果发生灾害时没有桥的话，堀川又会成为逃难的障碍，会增加危害发生的可能性。

支撑人口集中的惊人的计划性

作为历史学的常识，封建制度是一种地方分权制度。在封建时代，一个城市的人口能够占国内总人口的近一成，于世界史上亦是前所未有的。江户城之所以实行这种特殊的人口集中制度，原因有两点：其一是日本的近世封建制度是非同一般的中央集权式制度；其二是江户城的街道为了能容纳集中的人口而不断完善城市功能。

而且，不容忽视的是，人口集中并不是自然而然发生的，而是从开始时就充分考虑过造地条件，有计划地进行的。

城市生活最重要的是保障饮用水。

江户的山手丘陵是由平均三十米左右的垆姆质土壤层构成的，接近海平面处的地方都是低湿地和冲积层。所以，只要挖掘低湿地，就会出现盐水。要挖掘山手丘陵，必须要打很深的井。江户用水非常不便，饮用水也仅仅是分布在各个地方的溜池、池袋、沼袋的上层滞水（滞留于局部的不透水层上方的地下水）与伏流水①。

池袋、沼袋的"袋"字的意思是山谷底部、山谷角落。把山谷角落的池、沼称为池袋、沼袋，这就是这些词的来源。池袋的池水是从上文提及的音羽之瀑引来的。池袋的池水在芝浦工业大学附属高中后面的一个小小的游乐园中留下了一点痕迹。

这样来看，江户城中，没有能支撑人口的水源。

然而，保障饮用水是一个城市的必要条件。

"恕我直言，你是出生时就用水道的自来水洗澡的江户人吗？"

这是江户人挂在嘴边，引以为傲的话。这句台词在江户时代的滑稽本②和膝栗毛③中经常出现。一被问到这样的台词，对方往往会沉默。这表明了当时江户即使有水井，井水水质也很差，不能用来给新生儿洗澡。江户人是多么喜欢自来水这一新事物啊！

对方之所以会沉默，是因为水道这种东西超出了当时人们的文化认知。很多人不知道水道究竟是什么。

实际上，日本最早的水道并非建于江户，而是姬路。姬路之后是高松，然后才是江户。姬路建水道的契机是德川家康的孙女千姬再婚。因为千姬说了一句"水好差"，本多忠刻为了讨好千姬就从山脚下引来了自来水。时至今日，在姬路还留有"千姬化

---

① 伏流水：在旧河道以及河川的沙砾层等中间流的水。
② 滑稽本：幽默小说。
③ 膝栗毛：徒步旅行类游记。

妆之水"的说法。

在高松，自来水引到了栗林公园，和人们的生活没什么关系，所以当地人都不知道。最早为了老百姓的生活而修建水道的是江户。

地下水道的长度竟有 6.5 千米

天正十八年（1590年）七月二日，德川家康正式进入江户约一个月前，把一名叫作大久保忠行的大臣派遣到江户，目的是调查水源地是否得到了保障。饮用水是否得到保障，关系到江户城市规划能否顺利实施。

大久保忠行快马加鞭赶到江户，实地考察江户周边地区，发现了井之头池。井之头池就是现在的井之头公园的池塘，井之头池涌出大量的水形成了神田川。因发现井之头池有功，大久保忠行得到了"主水"的名号。从井之头池引到江户的上水道又被称为"小石川上水"或是"神田上水"。这就是最先引到江户的上水道。

在最初阶段，这些水是足以支撑江户的，后来又引入了千川上水与玉川上水。神田上水的一部分水从小石川流到了现在的水户德川家的府邸——后乐园的庭院里；另一部分水流过水道桥——高架于地面之上，横穿神田川的悬樋[①]，再流过从骏河台

[①] 悬樋：用打通了竹节的竹子，或挖空了木芯的木头做成的导水管。

起埋在土中的伏樋①。为了将水分配到江户城中，又分成了四支水流。

因悬樋像桥一样横穿神田川，而得名水道桥。

在关口台町铸堤工程的监工中，有一位名叫松尾芭蕉的俳句诗人。这是他的名字第一次出现在江户。他的芭蕉庵最开始建在关口台町，之后又移到了深川万年桥。

这件事情表明，松尾芭蕉是拥有一流科学知识的出身伊贺的技术人员。当时，日本的科学技术是通过仔细观察自然、熟悉自然发展而来的。在当时掌握科学技术的人中，有一群出身伊贺的忍者。因而，出生于如此环境中的松尾芭蕉是一位优秀的俳句诗人的同时，也是一位优秀的科学技术人员。

伏樋并非呈现出杉树、侧柏挖空后的管道状，而是把杉树和侧柏组装起来的箱子的形状。无论是哪种形状，伏樋的长度都有3645间（约6.5千米）。储存从导水管引来的水的水井有3663个，这必定是一项大工程。

就这样，神田上水建成了。然而，水量本来就少，再加上中途会流向大名的府邸，所以很快就不能满足江户的需求了。

---

① 伏樋：埋于土中的导水管。

利用虹吸原理，水流到了江户城内

承应元年（1652年），以身为农民的玉川庄右卫门与玉川清右卫门两兄弟为中心，历时两年时间，完成了著名的玉川上水测量任务。

玉川上水全长四十三千米，流至四谷大木户，再从四谷大木户供水到江户城内，再把水引到设在重要场所的水井中。虽然确保了江户城内可以正常饮水，但唯一的缺点就是水质差。

不久，江户三上水的最后一条水道——千川上水建成了。千川上水是玉川上水在今日保谷市分出的支流。

随着人口的增加，江户不断修建上水水道，如修建了龟有上水。龟有上水是引来青山上水与利根川之水，供给本所深川的上水道。

江户还慢慢出现了卖水的商贩。

他们口中叫卖着"隅田川的水真干净"，在水桶的边沿插上杉树叶子，再在水里放上小冰块，夏天的时候叫卖着"冰水，冰水"。一大杯水卖一文钱，约十七日元。

毕竟是隅田川的水，不可能特别干净。年轻人喝这个水的话还好，抵抗力稍微弱一点的老年人则会中毒。大概是水中有大肠杆菌的缘故。

"老年人自不量力（老年人喝冰水）"这句谚语就起源于售卖隅田川之水。

实际上，保障饮用水，并在防卫城市中发挥智慧的是虹吸原理。

如今的吹上御庭是江户时代的吹上城郭庭园。"吹上"这个名称，如字面意思一样指水会喷涌而出。江户城靠近海，地下水并不会涌上来，这就是修建引水道的原因。

其水源是神田上水。考虑到战时敌人可能破坏壕沟切断供水，所以当时的人们并没有将水直接引入江户城内，而是将引水的伏樋埋在壕沟下面，通过隐蔽的伏樋将水引入江户城中。

日本人在很早之前就知道了虹吸原理。在飞鸟时代（公元7世纪左右）已经使用了这一原理。在《续日本纪》中，就记载着持统天皇在飞鸟寺的西边建造了喷泉。

所以虹吸原理对于当时的人们来说并不稀奇。但是人们将应用于喷泉的虹吸原理运用到了保障城市饮用水、防卫城市方面。在当时确实有其进步的意义。

大名的府邸也成了平民的避难所

有这样一句话，"火灾和吵架是江户的两大景观"。

回顾江户时代的历史，火灾确实经常发生。尤其是在宽永年间（1624—1644年），参觐交替制度[①]开始实行，人口也不断增加。江户的人口数量是同时期纽约的二十倍。从这个时候开始，火灾也频频发生。

那么是否可以认为江户的城市规划在防火灾这一方面有很大问题呢？

当时，房屋全是木制的，尽管有上水道，但是上水道没有水压，无法像今天这样用水灭火。

更重要的是，灭火和预防火灾发生是不同的。

江户时代的灭火技术的确无法与今天的灭火技术相比。然而，当时预防火灾的做法却很高明。

其中一项防止火灾发生的策略就是上文提到的修建堀川防火带。而且，分散设置的大名府邸也发挥着防火的作用。

一般情况下，大名在江户有上、中、下三处屋敷。下屋敷是私人住宅，上屋敷是官宅，大名自由选择居于何处。中、下屋敷虽被分开，但仍有很大的面积，基本成为种有树木的庭院。

不久，随着人口的增加，商人也开始在大名宅邸的周围住了下来。由于大名的宅邸有很多树木，大名的宅邸和商人的住宅的关系就相当于现在的公园和住宅的关系。换句话说，在住宅区当中有一大片绿地。火灾发生的时候，火到这片地方就灭了。对于

[①] 参觐交替制度：幕府为了牢固控制大名而采取的制度，即大名必须在江户设一居所，把妻子、孩子留在其中作为人质。大名每年在两地轮流居住，定期到将军府报到，参加各种仪式并接受任务。

居民来说，那里也成了临时避难所。因此有很多宅邸是开放的。

对于大名来说，如果自己不受人们爱戴的话，一旦周围的人发起暴动就会孤立无援，所以大名会与商人合作。反过来，对于商人来说，如果发起暴动没人帮忙的话就会束手无措，所以他们对大名毕恭毕敬。

使银杏和梧桐成为防火带，这是平民的智慧

下町的商人住宅区，人口密度非常高，防火对策令人格外关注。在商人住宅区，主要街道的两边都是双层商铺，即仓造式房屋。为了不让木柱与椽子露在外面，商人们用抹墙土封严，再用灰浆固定，房顶上铺有瓦片。对于铺不起瓦片的平民，幕府会拨付补助金。尤其在明历大火（1657年）以后，更是鼓励大家在房顶铺瓦片。

而且，为了避免火势蔓延，商铺与商铺之间建造了高脊防火墙。这样一来，每一个区域都会用泥土围起来，从而防止了火势蔓延。

人们又在江户城中分布的神社和寺院的门前拓宽了道路，种上了银杏和梧桐，并将其称之为"火除地"①。银杏和梧桐是不易燃烧的树木。尤其是银杏树，耐火性超级强。江户人在设置防

---

① 火除地：防火带。

火带时，连这些树木的特性都考虑在内。

明历大火发生时，江户城中的大寺院、东西本愿寺、三十三间堂①、本誓寺、吉祥院等反而成为灭火的障碍，所以就把这些寺院都分散转移到了远处。

当时，商人是自治制度。为了尽早发现火势，商人们自发在各个角落设置了自身番②轮流值勤。之后的江户治安也利用了自身番。家家户户的角落常备天水桶③。或许您在历史剧中看过这样的情节，跟踪犯人的捕吏会突然藏身于天水桶。在大木桶的上面叠放着手提桶，再用木板盖上去。在吉原等地，这样叠放会造成麻烦，所以就将手提桶放在了房顶上。

商人有商人的办法，幕府有幕府的办法，为了想出防火对策，都发挥了全部智慧。而在这当中，比较独特的是鲸船。

常备避难用的千石船——鲸船

虽说叫鲸船，但并不是捕鲸的船。千石船的船体黝黑，颜色、大小与鲸都很像，故而称之为鲸船。隅田川上停着两艘鲸船。距离现在的言问桥很近。千石船可以装载一千石米，也可以

---

① 三十三间堂：位于日本京都市东山区的天台宗妙法院的境外佛堂，正式名称为莲华王院本堂。
② 自身番：为警戒江户市区，在各街道设的警卫室。
③ 天水桶：为防火用而贮存雨水的桶。

轻松装下一千个人。

在下町一带，用来避火的场所很少。幕府把发生火灾的原因归咎于柴火和木炭，所以便向薪炭行会下达了这样的命令："无须交税，但要制造、管理千石船。一旦发生火灾，供百姓避难用。"之后，薪炭行会就开始造千石船，并将造好的船停在了隅田川上。

火灾发生时，每乘满1000人，船就会驶往千叶县等比较安全的地方，如此往复。

这是个很了不起的主意。但是，鲸船仅在天和大火（1682年）时用过一次。使用时才发现，船体太大了，缺乏灵活性。而且，船体一直停在水面上，很快就开始腐烂。修缮费也不容小觑。于是，就不再使用这种船了。取而代之的是可以容纳二三十人的小船，小船可以频繁地把人运到安全的地方。

开始使用小船之后，费用由每个町自行承担。堀川和隅田川上停着许多这样避难用的小船。

总之，江户城市规划的中心任务就是防卫与防火。大名府邸自不待言，带有瓦片和灰浆的商铺鳞次栉比。银杏和梧桐组成的防火带星罗棋布。江户就成了这样的街景。

"江户是世界上最美的城市"——来自一位传教士的记录

庆长十四年（1609年），西班牙人德·罗德里戈在从菲律宾回墨西哥的途中遭遇了风暴，最终在上总上岸，来到了江户城。在他的《日本见闻录》中这样写道："江户城的街道……胜过西班牙的街道，民居的内部也非常美丽。"

当时来到江户的传教士菲利斯在其《东洋书简集》中也写道："不论与欧洲的哪座城市相比，或是与东洋的任何一座城市相比，江户城都是美丽的。"

这也是有原因的。江户人在早晨起来之后，会先把自己家门前的街道扫干净。这并非是法律规定的义务，而是自发行为，江户人珍惜自己居住的城市。

正因如此，江户才会如此美丽。这样的习惯，如今在日本却不怎么能见到了。大概是因为现在的日本人认为这是封建时代遗留下来的习惯，有些愚蠢吧。东京如今的风貌，便是散落在街角，等待着清扫车的成堆垃圾。

江户城有两个开展灭火行动的组织。一个是官方消防队，负责大名府邸与江户城的灭火工作，被称为大名火消或方角火消；另一个是町灭火队，负责商人住宅区的灭火工作。

作为官方消防队的大名火消，在商人住宅区发生火灾时是不会出动的。虽然看起来非常无情,但是这与江户时代的行政组织和治安组织有着很深的关系。当时基本的行政制度是"自治"。

在当时的江户,市民基本无须交税,没有像如今的所得税、居民税、营业税等针对个人的税种。商人向幕府缴纳的税叫作冥加金,这是一种针对商人团体组织的税。

"冥加"的意思是"营业的酬谢",意思是"能让我在江户做生意而酬谢的礼金"。

江户有十种代表性的职业,每种职业都建立了牢固的行会组织,俗称"十组问屋",以行会为单位征收冥加金。如前文所述的鲸船,就是薪炭行会向幕府缴纳冥加金的替代品。我想,大概是因为当时的武士阶级建立在农民的生产上,所以幕府基本上不依赖江户市民的租税收入。

这样说来,官方消防队也是以农民的生产为基础,与商人没有关系。

于是,商人就自发成立了町灭火队。这就是商人的消防对策。

从"伊吕波四十八组"看消防制度的计划性

商人的消防制度,是以每个街区为单位雇用灭火队员,组成团队守护自己的街区。

江户时代的灭火方式，是从根本上切断火源。如前文叙述，江户城的水来自运河（上水），水量不多，没有水压。

发生火灾时，灭火队员们以消防旗手为首，奔赴现场。一到现场，团队首领会快速做出判断，指定团队应该守住的场所。作为队长的消防旗手，会爬上最高的屋顶，高高扬起队旗。

队旗同令旗一样，由原来神社使用的一种御币[1]变形而来。队旗垂下来的细长布条称为马帘，它和神主[2]驱邪时附着在神木上飘扬的丝带异曲同工。也就是说，队旗暗含着借用神力灭火的信仰。

在火场上，某一队伍扬起队旗时，其他队伍便无须进入。而扬起队旗的队伍要竭尽全力，死守这片区域。

我这样写，可能会有一种体育竞技的感觉，非常抱歉。可是不管怎么说，江户市民除了少数的组织行会的富商，大多数人居住的都是租借的房子，不会因火灾损失财产。如"火灾和吵架是江户的两大景观"这句俗语所言，面对火灾，江户市民颇有观看体育竞技的感觉。

另一方面，作为房东的名主[3]和富商，因为关系到自身财产，所以他们对消防非常重视。甚至有人组建了自己的团队，保护自身财产。

---

[1] 御币：将纸或布成串插在神木枝上的祭神用具。
[2] 神主：仕于神社祭神的人，亦指神职人员之长。
[3] 名主：日本土地以占有者的本名登记称为"名田"，土地所有者称"名主"。

我们熟知的"伊吕波四十八组"是德川吉宗在整顿防火体制的享保改革时的产物。虽为"伊吕波四十八组",但并未设置"ん组"与"ま组"。此外,由于"ひ"和"へ"发音上的区别不太明显,并和日语"火"的发音相同,便也没有设置相应的组别,取而代之的是"百组""千组""万组"与"本组"。

江户人"不留隔夜钱"的理由

不论增设多少消防组织,几乎所有的消防行动都是需要水的。

宝历五年(1755年),江户幕府成立大约一百五十年,设计了命名为"龙吐水"的排水泵。从这个名字可以推测出,当时的人们对于排水泵抱有极高的期待。排水泵与第二次世界大战后出现的手压泵的构造基本相同。虽然把水箱中的水从木桶排出的结构是相同的,但是这个水箱并不能抽水,需要用木桶把井水运进水箱里。因此,当火势变大时,就没有那么大的效果了。

在设计排水泵的同时,也设计了一种长度为一间(约180厘米)的木筒水泵。其构造和孩子的玩具水枪一样,名字也叫"水枪"。虽然效果不是很好,但在当时也被看作重要的工具。各大名会在带到火场的水枪上涂漆,画上族徽的金漆彩画。然而,这些努力在大火面前终究是杯水车薪,江户时代灭火行动最主要的方式仍然是切断火势蔓延的途径。

其结果是，江户每六十年会遭遇一次特大火灾，其间每十二三年又会遭遇一次大火灾。每逢灾后，街区就要重建，街区的重建又会客观上刺激经济的发展。重建烧毁的住宅需要大量劳动力，这使得江户成为人口众多的城市。

而且，大火频发也使得江户市民形成了一种个性，那就是"江户人不留隔夜钱"。他们瞧不起为了存钱而生活节俭的人，轻蔑地称呼这种人为"吝啬鬼"。从精神上来说，这是一种不喜欢拘泥于过去、讨厌郁郁不乐的个性。从根本上来说，是因为当时的江户人认为，无论再怎么存钱，发生火灾时只能顾得上自己逃生，存再多的钱也带不走。然而，这种个性并没有让江户人陷入颓废，因为就算没有隔夜钱，第二天也会马上找到工作。再者，虽然火灾给人带来绝望，不，应该说正是因为火灾给人带来绝望，江户市民才争先恐后地为那些不惜生命，投身于灭火行动的人拍手称赞。

这使得"不留隔夜钱"这句话有了新的含义，那就是虽处于绝望的境地，但不拘泥于过去，充满活力地过好每一天，这也是江户人的生命力。进一步来说，这样的生活方式成了江户人的骄傲。于是，这样果断的个性便渐渐地根植于日本人的精神建构之中。

这不正是日本在关东大地震后复兴，令世界震惊地重建了今日日本的生命力之源吗？事实上，在东京烧毁的荒原上，可以看到收集火烧后剩余的材料，重建家园的市民的身影。那一刻，我仿佛在那里看到了，虽然每十几年就会经历一场火灾，但江户市民仍会以凤凰涅槃的姿态重建家园的身姿。

明历大火烧死了江户一成以上的人

根据记载，江户史上最大的火灾明历大火（1657年，由于本乡丸山町本妙寺烧给饿鬼的振袖引发了火灾，故也称为振袖大火）烧毁了江户城的天守阁以及城中过半的建筑，大约十万六千人被烧死。

虽然在关东大地震中，有约十万人被烧死，但当时东京的人口大约是四百万人。明历大火发生时，虽然江户城被称为世界最大的城市，但也不过八十万人。按照人口比例来看的话，这简直是无可比拟的惨烈火灾。

当时烧死的人大多数无法确定其身份，便从石川岛的劳动收容所中招聚了人，让他们挖了一个二町四方的巨大洞穴，将无亲属祭祀的死者安葬。将死者并排放在坟墓的底端，再在上面铺上一层泥土，如此反复，最后在坟墓上方建造一座寺庙。这就是今天两国地区的回向院。在回向院的附近，稍微挖掘一下就会出现人骨。回向院的附近，有着现在已经解散了的日大讲堂（旧国技馆），据说建造讲堂时，挖开地面，净是人骨。

在江户时代的近三百年间，江户城并没有发生过暴动。虽说有过两次抢米骚乱，却从未发生过商人组织的暴动。

其主要原因之一是，江户城的城市规划确保了水陆道路设施建设、防卫、防灾的基本功能以及饮用水的供应，满足了与近代社会城市相差无几的主要条件。还因为，即便发生饥荒，江户城都有着完备的救济对策。

浅草储存救灾粮的"救灾小屋"

明历大火时，象征着封建领主的天守阁被烧毁，但是江户幕府却并没有重建。在城中造天守阁的想法源于织田信长时代，其真实目的是警戒。江户幕府之所以没有重修天守阁，一方面是因为江户城是防御型城市，没有修建警戒台的必要；另一方面是因为各大名已无力对抗幕府，不重修天守阁，正是幕府对自身力量自信的体现。其代表事件是，天草四郎挑起了江户幕府开府以来最大的叛乱——岛原之乱（1637—1638年），而各大名无力镇压。在幕府老中[①]的直接指挥下，此次叛乱才得以平息。

然而，在明历大火之后，有些人提出了强硬的重建论。他们认为，坐拥天下的江户城没有天守阁，按照当时的常识来讲，是

[①] 老中：江户幕府的职务中，具有最高地位、资格的执政官。

令人不可思议的。但是最终天守阁还是没有重建。

当时的老中保科正之说道："失去住所的武士和商人正忙着重建自己的房屋，此时要重建天守阁的话，无异于添乱。"并且，当时还要忙着煮粥，救济没有粮食吃的灾民。

能够储存救济粮，以备不时之需的米仓，也是在江户城市规划的最初阶段建立的。米仓位于现在皇宫的前面。除此之外，危急时刻也会通过设置在浅草等地的"救灾小屋"向市民发放粮食。天明大饥荒①曾造成近百万人饿死、病死，并导致日本各地频发暴动。但江户城，凭借其救济粮制度，除了幕末时期的动乱外，一次暴动也没有发生过。

元禄时代，江户人口已经是世界第一位

在元禄时代，东京的人口就已经是世界第一位了。从防卫层面的观点来看，江户城的城市规划是在预想到了容纳如此多人口的基础上制定的。

现在，如果我们要变更住所的话，会先向町公所、市公所、区公所递交变更申请书，拿到变更证明书之后，再将其交到新住处所在的政府机关。这是日本人最基本的义务，如果怠慢的话，

---

① 天明大饥荒：1783—1787 年日本发生的全国性大饥荒，江户时代日本四大饥荒之一，也是近代以来日本规模最大的一次饥荒。

就会受到行政上的处罚，并处以罚金。居民通过在某地区的政府机关进行居民登记，其市民权利得以保证，并受法律保护。相应地，居民要缴纳所得税、居民税等。

现在的日本人就是大致按照这个形态接受管理的。同时，江户市民有选择管理人的自由，选举权和被选举权是市民最大的权利。日本是民主主义社会，所以用"管理"一词可能不恰当，应该说是个人自发的义务。但是为了更好地说明江户市民同现在居民权利的比较，还是使用了"管理"一词。

据说德川家康决定在江户建立幕府的时候，江户的人口只有大约两千人。如今，神田锦町附近有个叫柴崎村的地方，那里的人是江户城"朱引内"的原住民。

自宽永年间（1624—1644年）开始施行参觐交代制度后，江户城的人口激增，根据天明七年（1787年）进行的江户城内人口普查的确切数据显示，武士、商人、妓女、出家人、神职人员等合计有1626500人。商人、工人等的人口数为1285430人。这是饥荒年间，江户幕府为了发放救济粮调查的数据，数据较为准确。

在这约190年的时间里，江户人口从两千人增至一百六十万人。幕府是如何管理激增的商人、工人的呢？又是如何制定维持治安的计划的呢？

如前文所述，江户市民没有个人税。就像我们今天所说的那样，没有义务，便没有权利。

那么江户城的人口是如何增长的，幕府又是如何核对的呢？

原则上，幕府鼓励市民在江户定居。当时，商人来到江户，没有地上权，只是给予了他们土地。因此，日本全国的人口都流入了江户。

虽说如此，来得最多的是东海道的人，如伊势屋、三河屋、骏河屋等。其次，便是上总、下总（现在千叶县和茨城县的一部分）。上野、下野（现在的群马县、栃木县）虽然距离江户很近，但来的人不多，东北地区来的人最少。

为什么只要三代人在江户居住，就可以成为江户人呢？

如果在江户城中有担保人的话，那么想要从某个地方搬到江户居住就很简单了。离开故乡时从村长那里取得"何处何人"的许可证，以此作为通行证，就可以轻松通过关口了。

由于武士的生活要靠农民来保证，幕府非常警惕农民转变为商人，从而造成农民的生产力低下。为了防止此事，农家的长子是绝对不可以移居的。

但是，次子、三子和长子正相反，由于农村人口过剩，只要他们在江户城中有担保人，就可以轻易得到移居的许可。他们的许可证上会写"由于没有可耕种的土地，要到江户打工"的字样，只要拿着许可证就可以进入江户了。

进入江户之后，外来务工和永久居住的人没有差别，大体上有这样一个制度：第一代是外来务工的人，三代都定居于江户的话，就成为"江户人"了。

"江户人从第三代开始"这句话就源于此。

江户吸收了农村的过剩人口，这也是江户时代得以安定的原因之一。但是，江户城市规划的早期是否就把此事考虑在内尚不明确。据我推测，只要次子、三子有担保人，就可以免除移居限制，虽然让人意料不到，但或许是有计划的。

进入江户城之后，要么住在担保人家里，要么由房东介绍租房住。这样，房东便可向町役人①申请："把自己的房子交由租房的房客保管。"至此，全部手续结束。

接着，他们就会被编入居民相互监督制度下的臭名昭著的五人组。如果三代都在江户居住的话，就会成为江户人。

城市规划中率先被确定下来的是商人住宅地。商人住宅地大致是在神社、寺院的门前，或者是新建的填筑地，位于如今的银座、深川、本所一带。

---

① 町役人：在町奉行属下掌管各地行政的官吏。

彻底的女尊男卑的江户时代

虽然有不缴纳居民税的情况,但十分有限。江户城人口逾百万,其中八成都是商人。可是按照居住面积来算的话,商人的居住面积不到整体的两成。大致算来,商人的居住密度约为武士、神职人员、僧侣等人的十六倍。

因此,商人的住宅是不带庭院的。商家把主要街道的墙壁涂上颜色,作为一种防火带。其内部是"里长屋①古町",接着是排列整齐的木板屋顶的商人平房。

长屋的大小约为如今的两居室——两间六张和八张榻榻米大的房子。房租年付,按照现在的价钱,每月一千两百日元左右。

然而,对于收入较少的商人来说,租金并不便宜。房租会一下子花光他们当日的收入。即使第二天继续工作,也只是勉强糊口。

以下,是描写当时商人生活的《世事见闻录》。

"猥女乱道,或侮子孙,或侮双亲,或视丈夫不在,随心尽意,此等境况,已成常俗。今观陋室,父母辛苦度世,女儿化良妆,着华衣,或游于艺,或坠于男色。有夫者,趁夫未明挑扁担以为生业之时,集合临近女性,或讨夫过,或谈淫乐,或打纸

---

① 里长屋:建在小巷里的狭长房屋。

牌，或做博弈，或同若男饮酒，或往剧场看戏，或同道登山，或往杂司古、堀内、目黑、龟井户、王子、深川、隅田川梅若等处，或入此间料理茶屋、水屋，或登临二楼费金钱，以事休息。及至日暮，夫归家，更使其不厌终日之劳，汲水为炊，诓夫以为乐，实妇如主人，夫为下人。及遇情夫，诅夫君，背贞洁以忘恩，此亦为猥女随心尽意之事。"

当然，这些描写多少有些夸张了。在当时，妻子的地位如此之高是有原因的。江户时期，有很多外来务工的人，大部分都是男性，女性很少。男女比例大概是二比一。总之，问题点在于供需不平衡。

当时被称为冈场所的私娼窑的生意也很好。

写到这里，顺便谈谈吉原①吧。

在明历大火之前，吉原一直在今天的日本桥，也就是下町的正中央。明历大火之后，新吉原被迁移到了浅草的田地里。

把游廓②安排在下町的正中央，是为了揭露罪犯。

利用游廓的特殊地位，让其作为秘密警察或高级警察的驻外机构，检查来吉原挥霍钱财之人、形迹可疑之人、无家可归之人。

当然，幕府并不鼓励游廓。但是，当时的江户，为了实施城

---

① 吉原：江户时代公开允许的花柳街。
② 游廓：古时日本将妓女称作"游女"，妓院的所在地称作"游廓"或"游廊"。

市规划，招聚了大量劳动力，造成城中男性人数增加。就像美国开拓西部的时候一样，女性人数较少。这样的情况下，无论东方还是西方，都产生了花街柳巷。于是，日本人就利用花街柳巷，将之作为揭发罪犯的地方。幕府承认游廊的存在，作为交换，游廊必须协助幕府工作。能够利用的东西便利用，这也表明了日本人的性格绝不像一直以来形容的那样恬淡直率，而是唯利是图。

游廊的经营者们是行政官员的手下。当有可疑的事情发生时，经营者们有义务报告给官员。作为交换，游廊可以不纳税，并免除一些课役和冥加金。

以上这些与没有犯罪的善良市民毫无关系，所以游廊非常繁荣。外来务工的人，包括家人在乡下、只身到江户执勤的武士、番头①、手代②等都是他们的顾客。当时，大部分商人在三十岁之后才有能力置产并结婚，所以单身的商人很多。

来吉原玩乐的价格非常高。如果是吉原的大夫③的话，接待的客人是有要求的。一晚的价格是十两，江户初期的十两钱约为现在的五十万日元。比大夫便宜的天神，一晚要一两，也就是如今的五万日元。天神之下的切见世的价格是它的一半，再下面的价格是它的一成。级别最低的是二朱女郎，价格在两千日元到四千日元之间。

---

① 番头：商店的掌柜、经理。
② 手代：商店的二掌柜，身份处于学徒和掌柜之间。
③ 大夫：官方准许的最高等级妓女。

花街柳巷除了吉原，还有四宿（即品川、新宿、板桥、千住）。除此之外，天保年间（1830—1844年）的私娼窑有六十一所。

远山金四郎担任知事、警视总监、法院院长三个职务

大致说一下江户时代商人的治安自治组织吧。首先，江户治安的领头羊是远山金四郎（远山景元）和大冈越前等有名的町奉行①。他们是江户的行政权、司法权和立法权的实际掌控者，相当于如今的警视总监、东京都知事、东京地方法院院长。

元禄年间（1688—1704年），江户城的人口数量已经超过八十万人，因为城中事务过多，所以分出了南北两个町奉行。南町奉行所位于今天银座的马里昂大楼，北町奉行所位于今天的常盘桥御门。

南北两个町奉行每个月交替执行公务。然而，牢房的数量没有增加，只有一个牢房在小传马町，即现在的中央区小传马町。罪犯的人数不断增加，牢房中的人口过于密集，这造成了入狱者中两成的人死亡。

身份高的人会被侍卫安排在铺有地板的扬屋②。根据记载，

---

① 町奉行：在江户幕府直辖下的主要城市设置的直属老中的行政官。
② 扬屋：江户时代特设的监狱。

著名的摩擦发电机的制造者——平贺源内在小传马町的牢房中感染了破伤风。由此我们可以猜测，扬屋的环境很潮湿，且极不卫生。

町奉行之下设有与力，相当于如今的警部、警部补。再之下设有同心①，相当于现在的刑警或者巡查部长。以上职务人员都是武士。

与商人关系密切的町役人，就像美国的治安官一样，是由作为商人的名主选出的自治代表。因此，町役人并没有警察权，只是接受奉行所搜查罪犯的委托，代行警察权。虽然受到支配，但并不是其部下。冈引②处于警察权力的最低端。当然他们都是不定期出勤的，每当事情发生时，他们便出动，还有津贴。平时他们还有别的固定工作。他们连捕棍都没有，并非时代剧和评书中那样出彩的身份，只是不起眼的存在。

江户一次暴动都没有发生过

我以江户市民享受旅行时所需的手续为例，谈一谈当时的江户市民受到了怎样的支配。

市民能够自由通过城门，前往江户城之外的地方。但是，如

---

① 同心：江户时代的下级官员。

② 冈引：捕吏。

果是去往关八州的话，是需要一些手续的，因为去那里和去国外是一样的。在关八州的外侧设有关口，箱根的关口是非常有名的。要过关的话需要手印证件，也就是护照。

町役人并没有市民的户籍原本，又因为是自治体制，奉行所也没有市民的户籍原本。那么，他们的户籍原本在哪里呢？答案是在寺院里。寺院会为市民的身份做担保，如"这位是某某寺院的施主，并非天主教徒"。

这是极为聪明智慧的。让寺院这样的宗教机构管理户籍，也就是说，行政权转移到了宗教机构。市民死亡时，没有葬礼的话就很麻烦，所以他们把自己的出生和死亡完全交托给了寺院。这是利用宗教信仰进行行政管理。不过，寺院只是确认身份，没有其他的行政权力。如果寺院的和尚确认不了某一位市民的身份的话，就算是名主和町役人，也没办法办理通行证，也就无法去旅行了。得到了和尚的承认，有了"这是某某寺院的某某"的身份担保，名主和町役人才能在上面盖章，这样通行证就办好了。拿着通行证到关口，把通行证上的印章和已经在户籍原簿上的名主的印章进行比对，一致的话，就可以过关了。

江户人口爆发式增长，幕府不可能成立一个逐一核查人口身份的组织。如果无法核查人口身份的话，租税便无法收缴。租税姑且不论，如果不让这些人口定居下来的话，那么也不可能进行犯罪搜查。所以，商人独占自治权是危险的。

江户城中，除了一少部分的资本家外，大部分都是劳动者，他们住在租来的房子里。利用这一点，把劳动者纳入町役人和名主的管辖下，让房东直接监管。为了防止江户城中房东过度压榨市民，引发暴动，还设置了连坐制。

于是，房东为了防止租客犯罪，从而给自己带来麻烦，就会在租客有困难的时候，和他们亲切地交谈，或者严格地监督。租客也把房东当作亲人，如果不是房东做担保他们就无法在江户城居住，所以他们会听房东的话。

"房东和亲人是一样的"这样的话语，对于如今过着租房生活的人来说不能感同身受。但是在江户时代，伴随着权利和义务，房东与租客有着"和亲人一样"的深厚关系。

为了进一步防止犯罪的发生，在成立五人组这一相互监视的小组的同时，也成立了相互扶助小组。

幕府虽没有直接管辖，但却完全掌控了江户城的市民。在放任人口增加的同时，也能完全地支配城中居民。市民在自己遇到困难的时候，有可以交谈的房东，还有五人组的朋友。他们对于来自幕府的支配感知较弱。被支配感的微弱使商人暴动的心理基础较为淡薄。可以说，这是江户城能维持近三百年的长治久安的一个原因。

这就是江户城市规划中，对人口增加采取的对策。

第二章

日本从江户时代起就是"教育之国"
——如果你认为农民不识字,那就大错特错了

江户时代的大部分农民都识字

如今的日本人,没有谁还不识字的。日本人的识字水平可谓世界一流,这的确令日本人引以为傲。但是,很多人错误地认为明治以前的日本人是不识字的。

之所以会有这样的误解,或许是因为很多人认为江户时代并不具备像当今这样完善的学校制度。但是,这样的观点缺乏一个极为普世的视角:不是因为有了学校人们才学会了识字、写字,而是因为识字、写字是人们生存必不可少的条件。

在江户时代,每个村都设有"制札场","制札场"均设在村中要冲之地。所谓的"札",类似于现代的自治会或政府的告示板。"制札场"就是官府为了让普通百姓知晓新法令或命令而设

立告示板的场所。

我们来看看江户时代的风俗画。写实派画家安藤广重,因画作《东海道五十三次》而闻名于世。他的诸多画作中都描绘有伫立在"制札场"告示板前的马夫,马是当时社会的主要交通工具,马夫指的是牵马的人。画作中的马夫仅仅是在观望由不认识的文字组成的告示板呢,还是说正在读告示板上的文字呢?这两种推测似乎都有道理。

江户日本桥的"制札场"似乎较有名气,有诸多画作都描绘了农民与商人张着嘴巴看告示板的场景。难道这些场景中的人们也仅仅是在观望由不认识的文字组成的告示板吗?

江户时代的庄屋[①]日记里,用漂亮的毛笔字记录着各种各样的事件。由此我们可以断定,庄屋与名主是识字的。

庄屋的日记中记载到农民必须每月多次去庄屋处提交书面报告。时至今日,这些书面报告作为"地方文书"仍保存在日本各县的县立图书馆。另外,庆应大学图书馆也存有大量的记录。

农民们能识字,说到底还是为了生活。如果不提交诸如"野猪践踏了自家的田地""某月某日的洪水把田地毁了个精光"这种报告的话,就无法减轻年贡。如果不把这些生产事故都用文字记录下来的话,之后便没了证据。因此,对于农民来说,识字、写字是生活的必要条件。

[①] 庄屋:村务行政官长,即村长。

农民盖房子、改建的时候也需要得到庄屋的许可。因此，农民留下了诸如"为了修补漏水的屋顶需请假三天"此类催人泪下的记录。

在如今的东京世田谷，也就是江户时代的江户近郊的世田谷村等地，这类记载堆积如山。

为了生活，识字、写字是必要的

当然，也有可能是农民口述这些事情，然后由庄屋代笔。但是，如果说农民们赌上性命武装起义时的起誓文书是由庄屋代笔的话就说不过去了。在起誓文书上，农民们亲笔署名。令人意外的是，有些署名的文字字迹十分漂亮。在我看来，有很多现代人连自己的名字都写不好。因此，客观来看，当时的农民是能够熟练地写字的。

至于商人，因为要做账本，所以肯定要识字。虽然在做学徒时没必要识字，但是一旦当上了手代，如果不认识账本上的字就无法工作。如果当上了番头，做账本就更成了家常便饭，自然需要熟练运用文字。

鱼老板需要做账本，当然要动笔写字。一般的渔夫，也需要逐一记录捕鱼的数量。

此外，工匠也需要识字。特别是木匠，木制建筑有着复杂的装配式结构，需要把连接组装的各处都写在一个个木片上，组装时必须识字。

为了修缮奈良的法隆寺、京都的平等院等木制建筑，人们将木材拆卸后发现上面有多处落款。这些落款不是木匠头领写的，而是由一些低级木匠在完成组装时写的。

在瓦片上也有烧瓦匠用刮刀刻的落款，这些落款的文字非常漂亮。

当然，以上种种并不能说明所有的日本人都识字，但是说明了当时日本平民的文字普及程度是超乎想象的。至少证明，农民几乎不识字这一认知是错误的。

很多人认为农民不识字的依据之一是江户时代多用画代替文字。

例如，有图画年历，还有用画表达般若心经的绘心经，以及图画地图等。般若心经中的文字的读法难度很大，时至今日也不是谁都能读下来，倒不如通过画把经书的发音表达出来。因而，据此不能断定农民在日常生活中不会使用必要的文字。

图画地图是其中一个典型的代表，例如，为了表示江户的四谷大木户①就画了四根箭，用"四根箭"的谐音来表示"四谷"②。图画地图中还有很多诸如此类的创意，比起识字，农民

---

① 四谷大木户：大木户原本作为检查人马货物、证件及票据的场所，设置在以江户为起点的各个街道入口处。

② 四根箭的日语发音为 yottunoya，四谷的日语发音为 yotuya。

识画则需要更为高等的脑力劳动。

日本的教育制度始于奈良时代

日本人好像自古就热爱教育。

教育也有很多种类。一般的学校教育指的是专业教授通过特定设施传授的教育，这种学校教育距今大概有一千三百年的历史。

文武天皇制定的大宝律令（701年）中，有一条决定学校制度的教育法令——"学令"。

"学令"是继罗马与中国唐代之后颁布的与学校教育制度相关的古老法律。

更有趣的是，在平安时代（794—1192年）就已经存在私立学校这种制度了。

藤原冬嗣为藤原家族创设了劝学院（821年）。空海为身份低微无法进入大学与国学之人开设了综艺种智院（828年）。京都东寺的种智院大学正是以此为名的。

也就是说，日本人早在一千年前就已经察觉到教育的重要性并尽早地将教育制度化了。

大宝律令中出现的学校有大学与国学。大学是中央最高的教育机构，聚集了地方官吏与中央官吏的子弟，是培养官吏的地方。国学则聚集了地方官吏的子弟与普通平民中的优秀人才,是培养地方政府官员的地方。

大学和国学,以教授佛教戒律为主要目的,教授中国的文字、汉文、汉诗等。

今天,即使毕业于外语院校,用外语写文章、作诗也并非易事。考虑到这一点,可以想象当时大学与国学的教育程度是相当高的。

三次落榜昌平黉,无法继承户主之位

昌平黉是江户时代的官办学校,相当于大学。

昌平黉虽然是德川幕府直辖的学校,但其前身是林氏一族的"寺子屋"①。昌平黉最初位于上野的忍之冈,也就是现在上野公园一带。

元禄四年(1691年),五代将军德川纲吉在位时,在文京区的汤岛建造了教堂并把学校迁移了过去,成立了昌平坂学问所。学问所的"大学头"②由林鹅峰的子孙世袭。

为此,林家得到了一万石的领地和江户城大手门前的宅邸,并兼任历代将军的老师与幕府文教政策的负责人,也就是文部

---

① 寺子屋:江户时代为庶民开设的初等教育机构。
② 大学头:如今的校长。

大臣。

因此，昌平簧既是学校又是文部省，起到幕府教育行政的关键作用。因此，与其说昌平簧是所普通学校，倒不如说是学者的培养机构，是为幕府直属的武士、直参①的子弟举行审定考试的地方。当时的学生被称为"门第"。他们在昌平簧读书，接受校长的教育指导，到了一定的年龄便回乡结婚，有的开办町塾，有的侍奉各藩。

直参的子弟到了十七岁，要在校长的面前接受诵读考试。两次落榜也没关系，但是三次落榜就会失去再次考试的机会，一生都不能以武士的身份继承家业。也就是说，他们还保留武士的阶层身份，但失去了继承家业的资格。这样一来，就只能去做商人或农民的养子，或者从事一些无法归类的职业。这是一个很残酷的现实。

在国外，骑士相当于日本的武士，并未被要求必须有文化素质修养。但是，江户时代的日本武士有着相当高的文化素质修养。他们接受的教育内容有掌握《大学》《论语》等中国古代四书五经的诵读，掌握高级私人文书的制作方法等。

---

① 直参：直接隶属于主君的家臣。

藩校多达二百五十所，寺子屋超过一万所

在江户时代，诸藩设有藩直营的藩黉、藩学。通过这些教育机构，直参以外的武士也能接受教育。藩黉一般以儒学为主要教育方针。在江户时代后期，也教授洋学和医学等课程。

藩黉的历史悠久，宽永十八年（1641年），冈山藩主池田光政掌权时，开办了冈山藩学校（闲谷黉）的前身花畠教场。除此之外，水户的弘道馆、会津的日新馆、仙台的养贤堂、米泽的兴让馆、尾张的明伦堂、长门的明伦馆、熊本的时习馆等也很有名气。

在幕府末期，这些藩校多达二百五十所。以前的国立大学一共有八十所，除了规定人数外，分为一期学校和二期学校。从这一点就能了解到当时的教育水平之高。

今天，为了能够进入学校，会有许多人选择上补习班。江户时代同样如此，作为武士接受教育的机构，"町塾"遍地开花。但与今天不同的是，武士为了继承户主的地位，需要通过审定考试。即便通过了考试，也并不意味着可以找到一份好工作，或者能增加俸禄。得到的实际利益与自身的能力有关，学校教育与能否出人头地并没有直接的关系。

"不上大学就不能出人头地"这一学校教育带来的弊端，是

明治以后的学校制度的产物。

更何况，商人、农民、匠人并没有参加审定考试，他们是否接受教育完全取决于自己的意愿。

自愿学习的教育机构就是"寺子屋"。

追根溯源，寺子屋出现在江户时代以前，起源于室町时代名为雪舟的绘画僧人，雪舟成为寺院的小和尚后，学习了文字与绘画。江户时代中期以后，寺子屋才作为平民的教育机构得以普及。

德川幕府积极推进文教政策，元禄时代之后，商人阶层逐渐崛起，农村也逐步商业化。平民对知识的需求也不断提高。

寺子屋适应了百姓的要求，自然而然地推广开来。寺子屋的老师有武士、僧侣、神官、医生等，一个班级四十人左右。现在，根据课程的不同，一位老师教授学生的数量也是四十人左右。考虑到现在小学一个班级的人数，四十人左右的学生人数是较为合理的。

寺子屋的数量在整个江户时代不断增加。令人吃惊的是，在幕府末期，竟超过了一万所。当时的人们在教育上付出的巨大努力，难道不应得到赞赏吗？

寺子屋的教育方法是手把手教学法

普通寺子屋的教育内容是写字、朗读。随着日本愈发商业化，算盘也加入课程中来，于是写字、朗读、算盘成为中心内容。

写字课程采用了手把手教学法。老师从上方握着执笔学生的手，教他们如何运笔。不是通过理论，而是亲手进行教学，即使是在今天，教授书法时也沿用着这种方法。这种方法的关键就是不是用理论教学，而是通过体验学习法去教学。朗读课程也同样使用了这种教学方式。

如今的教育，主要探讨某个字是怎么组成的，意思是什么，音读、训读怎么读等问题，然后才对文章进行独立讲解。这是一种理论性较强的合理的教学方法。

在寺子屋的教育中，懂不懂意思是后话，总之先读文章，之后再对照文字理解意思，可以说是一种简单粗暴又不合理的教学方法。但其结果是，寺子屋的教学方法能够让学生更快地掌握文字。大约六岁开始，六年之内就能掌握八千个左右的常用汉字。

而且，没有教科书的时候，由老师亲笔书写，使学生们自幼接触到草书、行书、楷书等多种字体。因此，江户时代的人们从小就能写一手很流利的草书。

如果仅仅是掌握文字的读法与写法的话，当时的方法反而更有效。

"读书百遍，其义自见"这句话，在今天只不过是比喻而已，因为没有人会真的把一本书读上一百遍，但在旧时的寺子屋，就是这样做的。

教育高度发展，平民自食其力

绪方洪庵是大阪城的一名医生。在行医的同时，也会在诊断治疗的闲暇时间对弟子进行医学授课。学习医学，实践很重要，他让弟子们在现场陪同诊断治疗，相当于今天的实习制度。可见，江户时代也有这样的医学补习班。

另外，还有专门教授算术的补习班——"算学塾"。除用算盘教授加减乘除这种普通课程，还会教立体几何、解析几何等高等数学。当时，数学的计算用具只有算筹（用于计算的长方形木片）和算盘。并没有如今的笔算。因此，公式不是用文章写成的，而是要用脑子去记忆。所以，虽然没有留下计算的痕迹，但数学水平却非常高，比如曲率计算、抛物线计算以及圆锥、方锥的体积计算，甚至椭圆计算都能通过算盘来完成。

身为百姓的玉川庄右卫门与玉川清右卫门两兄弟，建造了全长四十三千米的玉川上水。还有静冈县深良村的村长大庭源之丞，建造了箱根引水工程（1666年动工，1670年竣工）。由此可以看出，"算学塾"作为民间教育机构进行高等教育的教育成果。

从以上事实来看，我认为农民不识字、不会写字这一说法是错误的。虽然无法同国外进行比较，但我认为江户时代的日本恐怕是世界上文字普及率最高的国家。

寺子屋和私塾的种类不胜枚举。但重要的是,这种小规模经营的私塾教育机构是私人经营的私塾,并非由国家经营,而是由平民建立的。

如前文所述,农民、商人自行制定自己的救济制度。正是有了这样的自治制度,教育才自治了起来。

不依赖于执政者的力量,自己想要什么就用自己的力量去获得。也就是说,用来自下层的力量相互救济、教育学习,这一点非常重要。农民、商人、匠人等平民在政治上没有什么权利,但是政治权利不是必要的,平民们自食其力也可以将生活过得很好。

当时的幕府执政者只是利用平民的自治组织能力,并将其制度化,根据情况施以援助,在业已存在的平民自治之上建立上下关系进行统治。

普通平民能够识字、写字,懂医学,会算数,对幕府也是有诸多好处的。例如,能够尽快地传达法令,通过鼓励武士开设寺子屋来进行失业救济等。

对于这些民间的教育机构,幕府的政策仅仅只是以不收取营业税来鼓励经营。寺子屋的构想是由百姓生发出的,是百姓生活智慧的体现。

比起现代，江户时代在"培养个性"方面做得更好

从教育的理念来说，我认为"需要什么，学什么"不是执政者强加给我们的，也不应该依赖执政者，而是应该由平民们自己选择。

江户时代的国学家中有一个叫平田笃胤的人。他是秋田的农民，在来到江户之前没有受过任何教育。

虽说图画地图、绘心经和图画文字可以为不识字的人提供便利，但在当时的日本人看来，只会读这些，是一件很丢人的事情。对当时的日本人来说，识字与否，与今后自己该如何生存休戚相关。识字不是义务，也不是执政者强制的，而是自己的事情或是父母建议去识字，所以不识字就是自己的问题。由此培养了人们自食其力的观念。

平田笃胤离开了秋田后，在江户的骏河台烧洗澡水。借用烧洗澡水的火光，抄写了《源氏物语》五十四帖，不久就研修了国学，开设了名为"平田塾"的私塾。

平田塾在人多的时候有两千名弟子。一个老师教两千名学生，即使在今天也是难以想象的超大规模教育，但这也正是他德高望重的原因。这大概是因为平田笃胤亲身践行了教育这一理想。

今天，教育机构已经大幅完善，教育的重要问题——机会均等问题也在制度上得到完善。但是，在教育的另一个重要问题——"培养个性"方面，江户时代要自由得多。

如今，对于自己要学什么，必须要尽早选择，而且一旦踏上了这条路，就很难再转到另一条路上。这是因为教育发达的同时也带来了教育的细分化、系列化，其结果是失去了对人的综合培养，导致了个性开发的失衡。

社会生活的发展促进了分工合作。比起综合培养人，不如为了应对分工化，片面地培养人，这便是如今教育造成的结果。然而，这种做法能否为人带来幸福，还需多加考量。

寺子屋的学费为两千五百日元左右

江户时代，虽然社会背景各有不同，但并没有很多可以教的东西。每个人都有选择未来的自由。

当时的寺子屋和私塾每天的授课时间很短，大概两三个小时。每月的一号和十五号休息两天。

每月支付的学费是"两朱[①]"，当时的一两相当于现在的两万日元，"两朱"就是两千五百日元。寄宿的弟子如果帮忙干一些私塾老师家中杂活的话，就能免学费。不帮忙干活，就需要支付

---

① 朱：为日本古时货币单位，一朱是一两的十六分之一。

伙食费。在能够让弟子寄宿的大型私塾里，老师如果没有相当多的收入就无法维持生计。因此，私塾老师成了各藩长期雇用的对象。

各藩通过给予寺子屋俸禄进行援助。这个俸禄就成了寄宿弟子的生活费，而老师的生活费一般是学费。

小型私塾和寺子屋的老师，每月只能得到两千五百日元左右，混迹于百姓、商人、工匠之中。

在今天的日本教育中，有职业教育、技术教育等。但在江户时代，没有与之相应的教育设施。

职业教育和技术教育在学徒制模式下完成教育过程，与普通的基础教育相比更注重体验式教育。

从江户时代向前追溯，在京都的三十三间堂中安放着一千零一尊千手观音。据说雕刻观音的人是镰仓时代的运庆。

我们把雕刻佛像的人称为"佛像师"。仅凭一人之力雕刻一千零一尊佛像，从常识上来说是不可能的。

事实上，调查后发现，署名为运庆的佛像只有三尊。而且，这三尊都是一样的形状。

最合理的说法是，运庆师傅做了一个范本，然后把它拆开，让弟子们制作佛像的各个零件。

也就是说，一千零一尊佛像不是运庆本人的作品，而是运庆工作坊的作品。若非如此，二十七年内是不可能雕刻出一千零一尊佛像的。这就好比今天的电视机组装厂，即便没有流水线，也能够大规模生产。可以看出,运庆不仅是一个优秀的佛像师,还有着卓越的经营能力。

从技术上讲,江户时代的刀比古刀更精良

到了江户时代,量产就更有必要了。当需要大量的建造物、大量的五金制造时,师傅会对雇用而来的学徒进行职业教育,让他们帮忙。等学徒们熟悉制作工艺和流程后不久,就让他们独当一面,成为属于自己的行会成员。这样,师傅增加了旗下的行会成员,扩大了自己的势力,成为"亲分"①。被"亲分"培养的学徒就是"子分"②。其结果是,通过"亲分""子分"这一模拟的家族形成了技术传承的谱系。随着家族不断发展壮大,同谱系内的学徒们相互竞争,相互磨炼技术。

于是,学徒制度下产生了双重竞争。其一,是以某一师傅为中心的同行业集团之间的生活保障与技术竞争;其二,是同行业集团中学徒之间的技术竞争。双重竞争使得日本的工匠技术取得了巨大的进步。

学徒制度也有如下弊端:有的师傅,不会把技术教给其他师傅的学徒,也不会照顾其他师傅的学徒就业。因此,学徒们无法

---

① 亲分:首领。
② 子分:部下。

相互交流技术，也无法离开自己的师傅生活。其结果是，技术和生活之间缺少了横向连接的纽带，从而导致了宗派化。

然而，从相反的角度来看，这并不一定是弊端。尽管学徒之间没有技术上的交流，但是师傅会对自己的弟子进行一对一、手把手的体验教学。而且师傅和徒弟二十四小时都生活在一起。因此，学徒们会受到无法用语言表达的技术传授，而且还会受到师傅的人格影响。学徒作为工匠，得到了综合性的教育。而且，师傅承担着保障学徒生活的责任。

江户时代的刀剑被称为新刀，江户时代以前的刀被称为古刀。新刀失去了实用性而变得沉重，反而成为观赏用的装饰品。但从技术上看，江户时代也生产出了远远比古刀精良的刀剑。

特别是作为刀的零部件的刀锷集中反映了江户时代的工匠技术。如"广锷"就是用凿子在锻制的厚钢板上雕刻出镂空花纹。如丝般细的剪线就是用凿子雕刻出来的。这种堪称精湛的技术不是通过教科书就能学到的，而是学徒教育的结晶。

学徒制度中卓越的体验教育法

友禅印染被认为是日本具有代表性的传统工艺之一，这种染色技术是不可能通过文字来掌握的。

裁剪精美纸样、用糯米和小麦粉制作胶水、在布料上描绘花纹轮廓等，只这些技术就需要大量的专业技巧。具体而言，要将这种黏性很强的胶水粘在细棒的前端，一点点地拉伸后再进行描绘。如果不进行多次练习，胶水就会变厚，或者出现不均匀的情况，这样一来便无法描绘出美丽的友禅花纹。

除此之外，"用什么颜色怎么染，第几天左右就会呈现出这样的颜色""用什么温度蒸，颜色就会固定下来"等技术都是通过师傅的经验逐步积累起来的。

这些技术的传授，只有徒弟通过体验学习才能掌握。

而且，正是这些人一直守护着日本的技术文化。

绘画的世界同样如此。时至今日，创作艺术品的工匠们是否认为自己是艺术家呢？这一点尚需存疑。他们中的大多数人都在作品上署名为"画工"。而且，他们努力画的是装饰画，并未以艺术家自居。

今天的绘画是艺术家一生的作品。江户时代的绘画，是他们自己的才能和到他们为止几代人的技术累加创造出来的。

当时，需要的不是艺术品而是生活美术品。因此，古今对作品的想法不同，把二者拿来比较则过于牵强。但是从技术的完成度来看，学徒制度下的练习法比如今的学习法要有效得多。然而，学徒制度下的艺术品缺乏个性。学徒制度中的个性，是团体的个性，不是今天意义上的个性。从这个意义上说，现代艺术家的作品则更富有个性。

但是，我认为，教授了学校教育制度下无法传授的技术，创造了日本工艺技术文化的，正是学徒制度这一职业教育制度。

今天，随着建筑技术的现代化、统一化，已经鲜少有木匠师傅拥有建造纯日本建筑的技术。其背后的主要原因是这方面的需求变少了。另一方面，在建筑界，学徒制度这一职业教育法正在解体，技术的传授正在中断。

这种职业教育法的原型其实可以追溯到石器时代。在狩猎和渔业中，通过经验的积累，人们发现动物的"直觉"十分重要。父母让孩子，或者长辈让年轻人在狩猎和捕鱼的现场进行学习从而掌握经验。也就是说，能够在自然中生存的人们对经验这一智慧的传授就是学徒制度的原型。

今天，学徒制度作为封建社会的残余正在消失。取而代之的是进行技术教育的地方——职业专科学校。但是，正如最需要体验学习的医学中保留着学徒制度一样，在需要通过体验来进行技术传授的领域，有必要再次审视江户时代的体验学习。

学徒制度是近代社会之前的产物，但如果认为体验学习也是近代社会之前的产物，从而轻视它则是不明智的。作为现代社会中的一员，我们在不断自强自立，可是即便是接听电话的步骤，也是从前辈们那里通过体验学习获得的。

僧侣的终身教育——禅问答

日语中有"问答""禅问答"等词语。如果说在"问答"前加上"顿知"①一词,变成"顿知问答"②,则会贻笑大方。"问答"对禅宗的僧侣来说,原本是极为重要的录取考试。在江户时代,与其说是考试,不如说是赌上了生活的一场决斗。

因各宗派的教义不同,佛教的教育亦不尽相同,每个宗派都有学校。

江户最古老的佛教学校是位于现在的港区麻布一带的旃檀林,建校于江户时代初期,比昌平簧更古老,是今天驹泽大学的前身。

日本最古老的学校是镰仓时代的亲鸾上人③开设的京都大谷檀林,它是现在大谷大学的前身。

佛教各宗派很早就有学校,致力于僧侣的教育,所以僧侣们的教养很高。在论及寺子屋时也提到过,僧侣们对日本平民文化的提高起到了巨大作用。

"问答"是檀林中接受佛教教育的禅宗僧侣们最后参加的考试。而且,这个考试并不是考一次就结束。

---

① 顿知:机灵、机智。
② 顿知问答:脑筋急转弯。
③ 亲鸾上人:日本佛教净土真宗初祖。

例如，一个叫云水的修行僧来到寺庙的住持那里，申请参加问答。住持不能拒绝，于是召集居民，在他们的监督之下与云水进行问答。如果住持败了，他必须把寺庙交给云水，自己离开寺庙。所以，如果不好好学习的话，连立足之地都会被夺走。

在江户时代的宗派中，只有禅宗进行了这样的修行。因此，禅宗僧侣的教养非常高，也很擅长写字。可以说，问答对僧侣起到了终身教育的作用。

即使今天，也只有临济宗进行着这样的修行。

吉川英治的《宫本武藏》中出现的泽庵和尚是实际存在的人物，虽然拥有很多寺院，但却做着行脚僧，四处奔波，因扰乱寺院而出名。他云游各地，找到寺庙就进行"问答"。泽庵是个聪明的和尚，基本上都能赢下"问答"。赢了之后，这所寺庙名义上就是他的了。于是泽庵就把原来的住持降为小和尚，并得到了寺庙的主管权。可以说，泽庵和尚借着问答制度的机会，对散居在各地的僧侣们进行了再教育。这是江户时代的教育制度之一。

茶道与插花不属于新娘的修行，而是社会教育

在我们的教育中，最切身、最重要的是社会教育。

社会教育与年龄、性别无关，从出生到死亡，是为了自己而学习的终身教育。

因此，社会教育是一种精神教育，在江户时代，"游艺"就是这种教育。

品茶、插花、抚琴、弹三味线、唱小曲、奏长调，所有的技艺皆是如此。这也被称为技艺教育。通过学习技艺，掌握为人处世的技巧，陶冶性情情操。

今天，也有人认为这是新娘的修行。技艺教育的意识是在江户时代产生的。只是发展到今日，结婚的时候，新娘会带上茶道与插花的资格证书，但在江户时代并非如此。

通过接受技艺教育可以学习礼仪，学习红白喜事时的礼仪与日常的行为举止。女性作为家庭的中心，学习如何保持整个家庭的和谐以及与社会生活的和谐，这就是新娘的修行。

所以，可以认为这与男性的职业教育相同。

女性通过新娘教育学习茶道有以下三个目的：一是学习礼仪；二是要修得宁静稳定的内心；三是提高自身教养。

今天不太盛行，但在江户时代的技艺教育中，非常受欢迎的是歌学塾。歌学塾把继《万叶集》之后的《古今集》《新古今集》等敕撰和歌集作为教科书。读完这些和歌并进行解析，最后自己就能创作出和歌。因此，也就能够读书识字。

江户时代的新娘修行，是为了经营社会生活，极具实用性的目的。

但到了江户中期，这种自主的修行成为新娘的必做之事。结果产生了世界上史无前例的家元制①。

新娘修行之一便是学习茶道，家元握有授予新娘茶道修习"资格证明书"的颁发权。此后便产生了家元制。

而且，茶道弟子的构成以家元为中心，产生了共同体家族思想，最后演变成了今天的样子。

茶道的家元制度产生于元禄年间（1688—1704年）之后。此前，没有"某某流"之类的说法。"流"这个词的使用受到了剑道流派的影响。

在战国时代，剑道也没有流派。从宽永年间（1624—1644年）开始日本就进入了太平盛世，剑道作为实战技术变得无用，演变为体育运动后便产生了流派。

茶道亦如此。从室町时代到战国时代的15、16世纪，没有"流"之类的说法。千利休也不称自己是千家流派。

千利休死后，三个子孙分成表、里、官休三部分，组成三个千家。于是，三个千家和千利休弟子们的子孙，建立了除各千家流之外的远州流、有乐流等武家流派。

就插花而言，家元起源于幕府末期，江户时代初期尚未有家元。

---

① 家元制：以"家元"为中心统领其流派的制度被称作"家元制"，它以"家元"为最高权威，旗下拥有众多弟子，因而它是一种等级制度。家元，指那些在传统技艺领域里负责传承正统技艺、管理一个流派事务、发放有关该流派技艺许可证、处于本家地位的家庭或家族。以这样的家庭或家族为首，常常形成庞大的组织。

家元制度形成的结果是，作为社会教育的技艺教育只存在于形式，而无法充分发挥其实用性的目的，其结果反而产生了带有封建性的消极一面。如前所述，这是因为技艺教育失去了应对现实社会的灵活性。

小笠原流教授的是为了生存下去的礼仪

有一句话叫"三岁看大，从小看老"。这也在告诉我们，在我们的成长过程中，家庭教育是多么的重要。

日本有一位电影导演叫小津安二郎，在他的电影作品中，有一部名为《小早川家之秋》的电影。在这部电影中，有这样一个镜头，让老电影迷怀念的女演员原节子不经意间流露出一句话："即使能够改变人的品行，但品行终究是改变不了的。"

家庭教育，日语谓之"躾"[①]。这个字是和字，也就是日本人创造的汉字，从字形便可看出，它指的是美丽的身体，也就是美丽的言行。

人一生下来就和动物一样。"躾"是指规定动物的行为方法并驯化之。

小孩子作为家庭生活的一员，作为社会生活的一员，需要被很好地接纳。因此，家人会教尚未具备社会性的孩子思考问题的

---

① 躾：教养。

方法和言行举止，并进行调教。这就是"躾"。

具体而言，在封建社会中，为了使小孩子适应封建社会的生活习俗而训练他们，就是"躾"的基本所在。在那个时代，为了使人际交往顺利进行，"躾"教会人们生活的基本常识，如怎样用行动去表达，用什么样的礼仪和言辞去应对。

换言之，"躾"就是传授礼仪规矩。

江户幕府将"小笠原流"的礼法作为幕府礼法。说到日本的礼法，除了小笠原流之外，还有今川流、伊势流等，可分为武家礼法与公卿流礼法。小笠原流是武家礼法。由于幕府采用了这一礼法，武士家庭自不必说，所有日本的家庭也都效仿了这一礼法。

其结果，小笠原流成了现在礼法的基础。

小笠原流是由南北朝时代的武将小笠原贞宗（1291—1347年）创建的。

说起礼法，会给人一种极为古老的印象，简而言之就是礼节。包括日本人在内的东方人，自古以来对于礼法就非常严格。这是因为，在人类的社会生活中，政治和经济是很重要的，同样，为了使人际关系顺利进行的礼仪也是很重要的。

在欧洲近代思想中，没有把礼节与政治、经济相提并论。

因此，我们即使听到了"江户幕府将小笠原流作为幕府礼法"的说法,也很难想象采用这一礼法与采用五人组制度[1]具有同等程度的重要性。

在驾驶汽车的时候,日本法律规定道路左侧行车。两者类比,应该很容易理解。然而,礼法是自主进行的,没有特别的惩罚规定。

改变礼法相当困难。

小笠原流是江户时代"躾"的基础

接下来介绍小笠原流的部分礼法。

首先,在路上与普通家庭中,均采用左侧通行。在殿中,为了使刀难以拔出,采用了右侧通行。前进的时候,第一步迈左脚,退下的时候先迈右脚。

转弯时,向前走半步,暂停一下,从左脚开始迈进。

鞠躬时,"拜"是尊敬程度最高的礼法,"揖"是弯曲上半身的简单礼法。在什么情况下"拜",在什么情况下"揖"也是有规定的。就像今天的交通法规一样,有很详细的规定。

但是,遵守这个规定的话,就和遵守交通法规一样,无论家里多么狭窄,都不会发生交通事故。另外,如果撞到,即使不进行现场验证,也能马上知道是哪方的错。

---

[1] 五人组制度:把近邻五户编为一组的最基层行政组织。

好好遵守礼仪，既能疏导交通，又能保持家中的秩序。从这个意义上说，礼法是从生活中产生的智慧。

江户时代的"躾"，是把小笠原流作为行动秩序的基础。就像教今天的孩子如何过人行横道一样，也要教他们如何与父母、兄弟、他人接触。"躾"的另一个支柱是道德。

因此，用西方的话来说，家庭教育的基础——"躾"就是礼仪与道德。

家庭教育的第二个目的是让孩子适应社会生活。其教材是锦绘①、浮世绘②等绘本，还有瓦版③，或者是御伽草子童话。

御伽草子中的"伽"是因为加入了"人"而被称为"伽"。也就是母亲一边陪孩子睡觉一边给孩子讲的故事。

母亲讲一个童话故事，然后让孩子看写有这个故事的故事书，下次就让孩子看一些故事类的文章。这个过程和今天一样。考虑到这一点，也可以知道江户时代很少有人不认识字。

家庭教育中还有一个重要的东西。那就是在没有教材的情况下，大人们亲力亲为地教授孩子们一年中的传统节日、活动与红白喜事的礼仪。七夕需要准备什么，要做什么样的装饰，祖先的忌日要做什么样的法事，通过让孩子们体验这些风俗习惯，引导

---

① 锦绘：套色浮世绘版画。铃木春信于 1765 年左右创造的套色套印技法，因色彩丰富、鲜艳似锦而得名。
② 浮世绘：江户时代以现实社会的风格为题材形成的绘画和版画。
③ 瓦版：江户时代在日本普及的新闻印刷品。

孩子们记住这些礼仪。

在进入寺子屋的时候，基本上就完成了这些礼仪的学习，基本的教养也就形成了。"躾"的根本理念是培养"出门在外也不丢人的孩子"，这一点在江户时代和今天都是不变的。

孩子长大后，男孩由父亲，女孩由母亲分别教授必要的生存智慧。出生在农民家庭的男孩子，需要教授他们耕地的方法、耕地开垦的方式以及捕鱼的方法，通过体验学习这些方法来掌握生存技能。这就是家庭教育。

把瓦版当作报纸的鼻祖，可就大错特错了

日本人是非常容易学习文字的。谈其理由，其中之一是语言的单一性。另外，日本的文字原本是从中国借来的，因而日本很早就拥有了文字。而且，通过创造片假名和平假名这样的表音文字，使沟通变得轻松。还有一点，我认为也非常重要，在江户时代，纸已经渗透到了生活中。"纸座"指的是造纸的人和贩卖纸的人共同经营的企业，最早成立于1407年。

紫式部之所以能够写出世界上最早的近代形式的小说《源氏物语》，也是因为有了纸。

西方国家只有羊皮纸。之后虽然纸也得到了普及，但细观古腾堡发明印刷机之后印刷的《四十二行圣经》后不难发现，他们

用的纸相当于日本的五六张纸那么厚。

日本人在厕所里使用纸的习惯，大致是从平安时代（794—1192年）开始的。在西方，在厕所里用纸的习惯是从贵族阶级，也就是波旁王朝的路易十三开始的。西方平民是近代才开始用纸的。

在日本很早就有了书写文字的纸。也就是说，民众接触文字的机会有很多。这也是日本人很早就能读书识字的一个重要原因。

江户时代的瓦版也是因为有读者后才开始进行商业买卖的。因为瓦版要登载时事新闻，就没有时间用木版进行雕刻，所以在两三个小时就能烧好的黏土版上刻字烧制，然后再蘸墨印刷，于是就有了瓦版。然而，这个传说简直是天方夜谭。我试了一下，在黏土版上刻字，然后蘸墨，墨会渗透到瓦片中，是不可能印刷的。

雕刻在粗糙的木版上急于印刷的话，就会出现如瓦片印刷般不均匀的墨迹。这些木版印刷的墨迹很像是用瓦片印刷的，所以叫瓦版，真正用瓦片印的东西是不存在的。遗留下来的东西全部都是由木版印刷的。

如果因为印刷时事新闻，就认为瓦版是报纸的鼻祖，这是错误的。

现在遗留下来的瓦版大多是信手涂鸦，内容都是讽刺政治、批判社会百态的狂歌、狂句，很少有实实在在的时事新闻。这些瓦版就是把很久之前的新闻加工编集成小说风格的文章。

证明江户时代文化水平的瓦版与租书店

天明三年（1783年）七月浅间山火山喷发，造成两千人遇难。瓦版时效性强，第二天就印刷了这一新闻。之后，每天都重新排版，通知最新的受灾情况。但是，这是一种号外[①]，从整体的数量来看，具有新闻性的报道大约只占三分之一。瓦版几乎都是以涂鸦风格描绘世态、批判时代。

瓦版单张印刷，沿街叫卖，价格便宜。行商小贩会沿街叫卖瓦版。书是坐商商人在店里卖的。因此，我们一说到瓦版，就容易认为是"报纸的鼻祖"，这是错误的。为什么会有这样错误的认知呢？其实瓦版只是昵称，其全称为"读卖瓦版"。且读卖报社成立，读卖报纸的印象被投射到瓦版上，人们误以为瓦版就是报纸。

所谓"读卖瓦版"，是指行商小贩在卖瓦版的时候，故意读到有趣之处停下来，对听的人卖关子道"欲知后事，请买瓦版"，这是他们的贩卖手段。如果街角的群众不识字，那么行商小贩就做不了瓦版买卖。

---

① 号外：报社为了尽早报道重大突发事件而临时发行的刊物。

这也是江户市民能读懂文字的一个证据。

江户时代,"租书店"的生意兴隆。在日本的奈良时代（710—794年），石上宅嗣创办了名为"芸亭"的世界上最古老的公共图书馆。虽然是免费的，但并非面向平民开放。江户时代，幕府为了官员在江户城内的西之丸建造了红叶山文库，此文库也不向平民开放。因此，在日本，市内的收费租书店的生意日益兴隆起来。

当时，书是用樱花木的木版印刷的。在和纸上一张一张地印，然后装订成册。因此，书很奢华，也很昂贵。当时的畅销书能卖出一千本。出版社就会举行名为"祝贺卖出一千本"的庆祝仪式。

如果是普通人个人买书，那么"一千本"会马上售罄。比起个人买书，能够卖给租书店"一千本"的书才算真正的畅销书。

《艺者梅历辰巳园》一书，一套有十本，买下来要六七万日元。当时的租书费是一本七百日元左右，贵是贵，但总比买书要划算。

租书店的租书方法有两种，一种是自己扛着扁担到处跑，另一种是在店里租借。

书的种类基本上都是文学类的。内容相当低俗，也有很多在今天会被禁售的书。实际上，在当时，也有禁租的书。但是，对于平民来说，看书可以满足情趣，是很大的乐趣。

江户时代有很多租书店，连平民也都参与进了租书的买卖。所以，如果认为这个时代的人都不识字，就大错特错了。

便携砚台盒是出色的便携式文具

军服的装饰中,有从肩头垂下的三条悬章。

这种带有三条悬章的军服是指挥官的标志。因为指挥官是研究作战计划的知识分子,能写出漂亮的字。这三根悬章原本是从肩膀垂到胸前的三根铅笔,现在就是"我会写字"的证据。

首次运用这一时尚元素的是拿破仑。在欧洲,当时便携式的文具——铅笔还很稀有。

几百年前,铅笔在欧洲被发明出来。它是非常贵重的物品。德川家康从来到长崎的传教士那里收到铅笔后非常高兴,用了一半后就保存了起来。时至今日,在静冈县久能山的东照宫还能见到这根铅笔。这恐怕是世界上现存最古老的铅笔了。

另外,作为便携式文具——便携砚台盒从中国传入日本,并得到了广泛普及。最古老的便携砚台盒有八百年的历史。到了江户时代,出现了用金属制作的各种形状的便携砚台盒。在江户时代,商人自不必说,木匠、工匠等外出工作的人,都会携带便携砚台盒。

当时的日本商人、木匠、工匠们若是看到了拿破仑把胸前垂下的三根铅笔作为权威的象征又会做何感想呢?对他们来说,便携式文具已经成了日常生活用具之一。

第三章 意外！自古以来日本的根基是"横向社会"
——纵向与横向重叠的日本社会

所谓的封建，可以与负面事物画上等号吗？

在我们对话中，经常会使用"那是封建式的思考方式""封建时代的残渣"之类的表达，前一句话被用来指责对方，后一句话中也毫无善意。说得极端点，"封建"这一词语常常等同于"负面事物"。

比如，"孝顺父母"往往被认为是封建思想，然而当提到"对公司的忠诚"，人们反倒不这么认为了。这令人觉得十分滑稽。

尽管如此，我也并非想说封建时代的社会组织、道德秩序等毫无缺点。说到"孝顺父母"，现代的日本人会认为这是来自外部的强制行为。如果"孝顺父母"完全被视为一种"强制性的义务",我倒会觉得这毫无意义,甚至认为不做反倒会更好。此外,"养育成人的孩子理所应当报恩",从这个角度来谈论"孝顺父母",表现出来的是不是一种功利性很强的互惠互利关系(give and take),或者说利害关系呢?出于此种想法的"孝顺"完全不会让人钦佩。

我们来看看猿猴,如果猿猴的双亲生病,猿猴便会把捡来的食物带给双亲,这才是孝顺父母。

自然而然发自内心的行为才能体现亲子间的真情,才是孝顺父母。

人类社会大概是由这种自发产生的情感、习惯作为基础构成的。

日本人说同一种语言,日本没有受到过其他民族的统治。时至今日,如果我们仔细观察的话,就会发现日本社会中仍有许多东西值得我们理解与反省。

当然,这一点与封建社会的江户时代相同。

虽说这些在封建社会受到肯定,但如果我们认为这些都是封建社会的残渣,毫无疑问这是现代社会对封建时代的偏见。

众所周知,日本是一个纵向社会。在人际关系方面,比起横向的连带意识,日本是纵向的支配意识更强的社会。我虽然想要承认这一点,但并不认为这是日本的社会形态。我们不能忘记纵向支配意识之下的横向生活组织。我认为,日本是一个双层结构的社会，它在强有力的横向社会之上，建起了起到支柱作用的纵向组织。

"士农工商"一词展现出横向社会

江户时代有"士农工商"一词。"士农工商"一词成为表达江户时代人际关系中的纵向支配与被支配关系的常用词语。然而，我对此种观点深表质疑。

武士是武士、农民是农民，这明确表明横向连带关系是以职业不同来划分的，但贯穿纵向社会的支配与被支配关系并未在制度外明确。

士阶层的武士与农工商阶层相比的确拥有社会地位与特权，并且处于更高的阶层。甚至连诞生统治者的阶层与武士阶层都认为这是重要的社会秩序。

谈到农工商，他们与士阶层之间并没有任何的上下支配关系。事实上，地位最低下的商人对包含武士在内的群体进行着经济支配。

"士农工商"一词大概产生于江户中期，从如今的社会学、经济学等学问研究兴起时便开始被成语化，江户幕府创建之初尚无此词。

这一词语中，士对于农民拥有实际上的支配关系。

位于武士阶层的领主拥有土地支配权，他们向农民征收大米作为租税，并将租税作为俸禄分配给武士。但是，所谓的俸禄与我们现在所想的工资大不相同，这是相当奇怪的一点。俸禄更准确地说是家禄①，即家庭的全部收入所得，而并非个人的收入。此外，并不会因为家属增加而增加俸禄。

由于幕府鼓励开垦新土地，新开垦的土地不断增加，农业技术不断进步，大米价格不断下降。这种情况下最困扰的不是作为生产者的农民，而是身为消费者的武士。虽说大米产量不断增加，但武士的家禄并未增加。

大米价格下降，货币价值上升，导致处于由大米构建的土地资本的武士完全被处于货币资本的商人阶层压制。

元禄时代（1688—1704年）过后，虽说"人间万事钱为首"，但"武士重面子，肚子再饿也不表露出来"，武士也只是拥有名义上的支配权。

理应处于最下层的商人在经济上的支配关系中位于上层，武士则处于下层。武士阶层确实直接支配农民阶层，但对工匠和商人阶层则几乎没有支配力。况且，并未有农民阶层支配工匠阶层、工匠阶层支配商人阶层的关系存在。"士农工商"一词只是职业上的区分，人们在意识层面上认为"社会地位"的顺序是士农工商。

---

① 家禄：指整个家庭的俸禄。

这样的话就很难说明士农工商的纵向支配关系十分牢固。纵向划分的支配中得到认可的等级关系有师傅和弟子、首领和部下、君主和臣子、父母和孩子、主人和用人等。从中明显看到武士之间"互帮互助"，百姓之间团结一致，工匠与工匠之间、商人与商人之间互相帮助的横向连带意识。这种状态正如"家禄"一词所代表的一样，以家庭为单位，个人的人格意识十分淡薄，这在今天看来是极其不合理的。

武士不过是名义上的统治者

正因为商人团体是实际上的统治集团，全国的商人联合起来创立了汇票制度。在没有银行与邮局的时代，商人们以信用作为基础创立了这一制度。一家商家发行的汇票，相隔千里的商人将其视为现金使用。这种横向组织最强的是商人组合性组织。

因为没有形成大型工厂进行批量生产，工匠团体的横向组织性最弱。做伞的工匠、做提灯的工匠并未组合到一起。江户的提灯屋和大阪的提灯屋之间没有合作的必要性，也未能形成像商人们一样的组织。因此它们只能成为家族性企业，而没有成长为组织性企业。

武士阶层为了阻止自身衰败只能进一步榨取农民的利益。

五公五民（大米的五成收成为税、剩余的五成归农民）的租税变成了六公四民、七公三民。于是，农民在村官的带领下团结一致，时以暴动的形式反抗领主。

暴动频发多是因为自然条件恶劣导致粮食歉收。

农民暴动的话，领主必然镇压，结果必然是农民失败。领主虽然胜利了，但如果对暴动的农民进行处罚的话，就会导致无人生产粮食，所以领主便歪曲律法，只处罚主谋来以儆效尤。而且由于经常发生暴乱，领主不理家事，导致常有转封（江户时代改封大名的领地）和减封（江户时代减少封给大名的领地）。

其结果导致农民的横向团结不断加强，"苗字带刀"（拥有姓氏与佩刀行走的权力）的武士阶层象征性的统治权逐渐消解。

农民中的庄屋与名主被允许"苗字带刀"，于是他们在形式上也成了武士，武士和农民的差别不断消失。商人也从武士阶层中过继养子，并将其抚养长大。另一方面，这也说明了武士在生活中受到商人的照顾。江户幕府晚期，甚至有很多商人花钱购买武士的权利。此外，商人和农民中有学问的人不断以"武士身份"服侍大名和将军，以学者身份进入武士阶层。

这样来看，"士农工商"这一熟语在横向相连的职业分类的意义上更强，而且每个人都拥有从自己所属的职业中解放的机会。这早已不是纵向划分的阶级分类，而是职业名义上的顺序排列。

原本都为农民，纵向支配关系牢固的士农如同萨摩藩武士与土佐藩乡士一样兼具两种身份。整体来看，江户时代可以说是横向划分社会。

江户幕府意欲通过纵向支配控制士农。正因为确实有纵向统治和被统治，现实中人们很自然地将江户看作在横向划分的数个职业阶层上叠加纵向划分统治关系的封建社会。

事实上，把日本社会、日本人的人际关系看作以横向的连带感为基础另有依据。

五人组制度不同于战争中的邻组制度

在前文中讲到江户幕府将五人组行政组织与刑罚连坐制度结合在一起，这是江户幕府为了强化对人民的统治而想出的穷凶极恶的统治制度。

我们很容易错误地认为五人组制度只是像战争中邻组制度一样的相互监视制度。五人组中若有一人犯罪，同伴确实要一起接受刑罚。江户幕府通过五人组成员互相监视来防止犯罪，同时也设置有告发制度。

在以个人为社会单位的现代社会中生活的读者，可以直观地感受到这一制度会唤起"五人组成员之间的不信任感"。即"为了不因他人犯罪而接受惩罚""由于担心组中的某个人做坏事，所以必须紧紧监视"。

五人组制度是用最残酷的方式破坏人与人的关系，所以我只能将五人组制度理解为最不人道的苛刻制度。

但反过来看,现代人难道没有丧失掉相互之间的信赖感吗?

日本社会曾经凭借水田农耕确立了社会基础。水田农耕的特殊性为大家必须共同开垦、共同灌溉、共同管理灌溉水,这是完全无法凭借个人劳动完成的农业模式。

因为水田农耕的首要问题是水利权以及如何确保水源,因此必须以村落共同体的形式对水田进行开垦、管理和经营。

水田必须平等分配水,因此无法扩展水田面积。这也就是说完全机械化的大农场经营是不可能的,只能在极为狭窄的区域内分割耕种。因此,日本稻作农业的宿命就是即使在劳动末端实现机械化,也无法像欧美一样实行真正的机械化。

整体来说,为了最大限度地扩展水田面积,日本人决定在共同体组织中进行耕种。秧田的共同经营源于秧田的平均分配。顺便说一下,上田、本田、山田等姓氏多是秧田管理者的姓氏。共同体共同进行水田种植,收获时共同收割。水田的所有权虽然划分给个人,但劳动却是集体共同进行的。直到江户时代末期,多数村庄依然以共同体的模式进行耕作。

日本不存在支配共同体的共同体

日本农村将大米作为主要生产物,在水田农耕共同体上组建社会是轻而易举的事情。这也就是说，以横向扩展的共同体为基础，并把其作为单位，利用这一组织创造统治关系极为合理。

日本有一句古语叫"一君万民"，一人为君，万民平等的意思。万民指的是农业共同体的成员。

五人组制度想法的前身其实就是如此。五人组并非一定要五人一组，在水田农耕共同体中，通常情况下，自家和对门三家及左右两邻，共计六家为一个单位。

五人组是延续古代大化改新（645年）的邻保制。邻保的保是村子的意思。这并非上下统治关系，而是共同体关系。

古代日本不存在支配共同体的共同体。

欧洲等地区则是通过侵略获得奴隶，也就是说统治异族。这时统治者成为共同体，被统治者也成为共同体，于是不同民族产生阶级差距。

我们来看一下埃及的壁画，壁画中用黑色来描绘奴隶，用茶色来描绘埃及人。而在罗马，用白色描绘罗马人，而用茶色来描绘奴隶。

日本自古以来是混血民族、同一种族，没有特定的统治团体。

同一民族中的人支配家，家也是构成同一共同体的成员。因此，在日本并不存在像欧洲那样的具有决定性意义的阶级差别。

台风过后，有的水田会因稻穗泡水而毁，有的则没有受到影响。虽然处在共同体中，但因所有权不同，每个人的收成不同。

正是因为这样，水田农耕与旱田农耕相比会更容易受到自然条件的影响。换而言之，水田耕作可能有非常强的资本不均倾向。其结果便是受到恩惠的人成为资产阶级，逐渐统治整个共同体。虽然有些啰唆，但我想表达的是统治者也是共同体中的一员，也能够充分代表共同体的利益。

五人组是农民的相互救济制度

这一状况自大化改新开始至少持续到战国时代，幕府将相互救济制度巧妙改变为江户时代的五人组制度。

因此，江户幕府只不过是将原本的习惯制度化了。换句话说，江户幕府只不过是将习惯法①变为成文法。但是，这个"只不过"是很难得的智慧。

我们认为，所谓的五人组制度是相互监视制、告密制。但是，站在农民立场上的话，五人组让农民有了安全感。

农民承担刑罚、纳税等连带责任，这些从上层统治阶层的视角来看，农民确实负担很重。然而，从下往上看，这是分散责任制度。五人组制度是一家有责任五家分担，也就是责任扩散制度。

---

① 习惯法：不是立法机关制定而是基于社会生活习惯成立的法。

什么孕育了里长屋的人情

以这样的农村共同体为基础构想的五人组制度也适用于城市的商人社会。

五人组制度在农村的生产中不会带来实际利益。而且，幕府也未向城市居民征税。所以，我们可以认为，创设五人组制度的目的是为了防止犯罪与暴乱。

但是从居住在里长屋的商人与手艺人的视角来看，为了防止逃离不稳定的城市生活的人成为罪犯，商人与手艺人有责任来相互帮助。在城市中，把相当于农村名主①的町役人、家主、大家②加入连坐组织中，相互帮扶的色彩变得愈发浓厚。

听古典落语的时候，经常会出现大家。熊五郎与八五郎③拖欠房租。当时的房租按年计算，熊五郎与八五郎欠了大家很多房租。尽管如此，大家也会和他们相互商量，耐心倾听。

古典落语中的大家比今日城市的大家"人情味更浓"，这也成为古典落语中有趣的一点。但在其背后的现实是严厉的连坐制。正如前文所述，房东是熊五郎与八五郎的身份担保人、亲权代行人。熊五郎与八五郎走错一步，就会让大家自己变成连坐之

---

① 名主：江户时代的村长。
② 大家：房东。
③ 八五郎：落语中的出场人物。

身。这并非是房东的亲切，而是不得已成为亲人，从而孕育了某种亲情。

五人组制度培育的并非不信任感，而是里长屋的人情。

如今，连坐制这一刑罚只保留在选举法中违反选举的相关条例。从这一点来看，横向社会非常广阔。西方近代思想以"平等"这一形式，展示了横向划分的构想。

弑亲、弑主为重刑

五人组制度所导致的严酷刑罚使江户幕府的封建体制崩溃。

这主要是因为人们的法律意识并未提高，刑罚是补偿罪过与对社会的警示，其中并没有对犯罪者的再教育意识。同时，对个人的人格认可度低，不对共犯的责任进行厘清，而是让他们连坐。因此，这是一种极为野蛮的原始刑罚。

弑亲、弑主是江户时代最重的重刑之一，根据《御定书百个条》要判处锯刑。即，在大众面前，用锯子把其头锯下来。实际上为先用刀砍颈部的动脉，用流出来的血涂抹在锯子上。怨恨罪犯的人如果有处刑罪人的意愿，也会被允许亲自用锯子把对方的头给锯下来。

五人组的连坐制中，由于罪过被分散开来，每个人并不会有很重的罪过，但幼儿犯罪也严格实行连坐制。

孩子犯罪，大人也会因此而连坐。与其说孩子是一对夫妇的孩子，倒不如说是所有街坊邻居的孩子。孩子如果过于淘气，即使是别人家的孩子，也会受到严厉呵斥。

这样做可以预防孩子脱离社会。因此，孩子总是在某个大人的监护下玩耍。孩子如果做坏事，立马就会被大人提醒，可以说，孩子受到了充分的社会教育。

如今的孩子无论做什么坏事都不会被训斥，某种意义上也是一种不幸，不进行充分的社会教育会导致孩子脱离社会的机会增多。

这种亲人间的连带感显示出五人组制度已经跨越五人组这一范围，不再是纵向深入，而是横向展开。五人组与连坐制度的组合刑罚源于农村劳动共同体的劳动形态。在城市中，这一组合刑罚使孤立的人横向联系在一起。

以上就是从江户时代直至明治时代，极不人道的五人组与连坐制的刑罚依然存在的理由。

孔子的儒家思想在中日两国的理解不同

江户时代有一位日本国学大师叫作本居宣长（1730—1801年），他教授儒学不久后因构建日本国学基础而闻名。所谓的儒学，指的是中国的孔子所提倡的思想体系。

孔子是提倡"忠孝悌仁义礼智信，明净正直勤务追进"等道德律的著名思想家。

他是中国战国时代（公元前476—前221年）的人。周王朝在即将灭亡之际，周王为了以德立人而想要再兴道德律，大力提倡政治道德。

孔子认为，周接受天命而立，为王朝正统。依天命与自然法则诞生的王朝是正确的，而凭借利益与力量创造的王朝是不正确的。对于不正确的王朝，关键是要贯彻道德律。

这是中国古代原始封建制的道德伦理观，是纵向划分的思想。

本居宣长认为自然之中常有人，人之中常有自然。也就是说，人心中本就有自然法则。

在这种自然法则中，神与人类、自然与人类之间没有上下级关系。这是日本人从古至今一直有的自然观。本居宣长仔细观察日本人的内心，从而发现了这一自然观，并通过语言表达了出来："（我们）理应注意（这一自然观）。"

虽然我将此自然法则称之为日本人的智慧，但是"智慧"源于这一自然法则。

近松将"忠"字颠倒,拆解为"心中"二字

"忠"的原意为"拿俸禄尽忠"。

但日本的"忠"与是否拿俸禄没有关系,而是互相表示诚意,特别是表现对家族之外位高之人的诚意。

日本的"孝"是从动物本能中构想出来的。

即便是狗崽,看到猫来抢夺双亲的食物也会生气,甚至会竭尽全力试着威吓猫,这便是"孝"。

井原西鹤的小说《世间子弟气质》中讲述了年迈的婆婆完全可以自己独立生活,但故意让孩子照顾的故事。这并非是因为年迈的婆婆将孩子抚养长大,理所当然接受孩子的报恩,故意给孩子添麻烦。虽然婆婆可以独立生活,但不接受子孙的照顾会让子孙忘记孝顺。基于此种想法,婆婆会尽力给孩子添麻烦。

近松门左卫门的《曾根崎殉情》中妻子为了筹集自己作为妓女之身的赎金,便将自己所有的和服变卖掉。虽然妻子通过这种方式来赎身,但仍会感到对不起丈夫,最后两人殉情而死。

如今,可能会有人说这真是"奇怪的妻子"。妻子选择丈夫,表面上看起来丈夫是家庭的中心,实际上妻子才是家庭的中心。财产也并非由丈夫自由处置。但正因为如此,妻子处置财产时,会拘泥于丈夫的脸面。因此,妻子卖掉自己的和服来赎身,正是

因为妻子知道丈夫的难处。日本传统道德观念认为妻子应该尽忠，应该以家庭为中心。按照日本的传统道德观念，故事中的妻子并未尽忠。事情尚未解决，便为了道歉而选择"心中（殉情）"。在日本人的传统道德观念中，这样做虽未尽"忠"，但亦未舍"忠"，不得已才"心中"。近松门左卫门便将"忠"字颠倒为"心中"。

"义"是用行动而非语言来遵守相互间的承诺，即指的是心之间的行动表现。

"礼"是人类的秩序与行动秩序。

"智"指的是孔子具有的教养与高深学识。日本人进一步探求其中的奥秘，将"不违反自然法则而理解此事"称为"智"。

道德律是为了顺利推进人与人之间的关系而孕育出的生活智慧。

我不认为人类为了维持生活秩序只要有法律就足够。在法律出现之前，人类必须遵守自身的风土和生活孕育出的道德律。

要说这是为什么，这是因为只有法律的话会规避或混淆法律出现之前人类关系的秩序问题。而道德律是由人们自身孕育而出，具有无法蒙骗、拷问人性的特点。最近，有人认为，只要不触犯法律，就什么都可以做。然而，这样的社会无论其物质多么富足，很难说是真正富足的社会。

道德律是被人创造出来的，有社会就一定需要道德律。因此，如果社会的行动和特征改变，道德样式与表现形式当然也会跟着改变。

从这种意义来说，日本虽然在语言上借用中国的表达形式，但日本有日本式的道德律。

我想，以这种道德律作为社会的基础合适吗？还是应换为其他的某种形式，于现代社会诸多条件中再创造出最满意的形式？我认为，这是日本人最重要的课题。

为了魂的再生而饮酒

"那么我们喝完这一杯，今天就喝到这里。"

"我们喝完再喝一杯嘛！"

日本人喜欢这样子说话，即使是不会饮酒的人也会说一句"喝完再喝一杯嘛"。

西方人一语道破："日本人谈生意不在办公室而在聚会场合。"日本人对于说"再喝一杯"这种话丝毫不会感到不自然和奇怪。

实际上这句"再喝一杯"剔除了来自孔子道德律的纵向划分意识。

虽说如今依旧如此，但在神社的祭典上会供奉称之为"神馔"①的食物，主要包括鱼、青菜、盐、米与酒等。祭典结束会进行"直会"②，这是人与神在此交换身体融合的行为。

祭典之时，神处于"另一个世界"，直会后神降临至人类世界，凭借这一仪式人神合流。日本人将此行为称之为"人神合一"。直会之后，仪式会正式结束。

如今去神社奉纳的话，人们会带一些点心与食物，这便是保留了"直会"的形式。日本人认为大家一起吃供奉的食物是通过和神一起吃饭达到交流灵魂的目的。

这些行为是日本人确认连带意识与共同意识的做法。

人向神敬奉神酒并同饮，于是心情愉悦，兴高采烈。古代将之称为"宴"，意思是兴奋不已。

实际上，"酒"一词的词源为精神焕发、活力四射。

如今我们认为饮酒是化学反应，酒入肝脏被吸收后，通过血管进入脑细胞，从而使人的意识与欲望控制变得模糊和迟缓，但原来的日本人并非因这种化学反应而饮酒。

饮酒后心情会变得愉悦，但饮酒后也有一部分人会变得狂躁起来，并且兴奋不已。古人认为，"神通过酒来到人间"，饮酒就是"神灵附体"。结果便是人的欲望、名誉心等其中扭曲的精神被重新洗涤，让人回归到自然状态，这便是魂的再生。

---

① 神馔：对供奉神祇的食物的总称。
② 直会：分食祭品，在日本祭神结束后，参加者分食神馔、神酒的仪式。

日本人饮酒的目的是借神灵附体重回自然之心，让身体感受到自然之心与神的精神。

"喝一杯吧！"日本人的关系就会变好

日本的"神"总是非常纯洁、快乐、开朗。佛教之中存在阴暗的佛，犹太教的神中也有众多恶神。日本的神中虽有违背神意与鬼祟之神，但本质上并无恶神，所有的神都让人幸福、快乐、开朗。这是种毫无顾虑的信仰。

此外，共饮、共乐、共食是以神为媒介，确认共同拥有魂的同族意识行为，是日本祭祀的意义，是日本的祭典、宗教的本义。

"喝一杯如何"实际是一起被神灵附体，"互相了解魂后共享意识"。"一起喝一杯吧"是想确认连带意识，实际上展现了日本人无意识的愿望。

如果不是日本人的话会很难理解这一想法，其背后反映了日本自古以来的"共食信仰"。

中国与西方在宴会上也有"共食信仰"吗？我认为并非如此。中国的宴会上有"劝酒"这一行为，其中包含"接受"的意味。这是为了确认连带感。不管酒杯中的酒有多烈，如果不全部喝完的话，就意味着没有结束确认连带感的行为。结束这一行为，需要"喝完全部"，这是为了展示完全"接受"，并且需要把酒杯展示给大家看。这样便结束了一次对连带感的确认行为，也就是说共同喝酒吃饭并非重点。

日本的宴会上稍微用嘴沾一点酒也算是共同饮酒。既有能喝酒的人，也有不能喝酒的人。通过如实且自然地饮酒使大家"开心"，这也是"神灵附体"与"魂的再生"，日本人通过相互认同确认连带感。

"三三九度"①也是确认连带感的行为，新娘因"三三九度"没必要大口饮酒，嘴唇抿一些酒来确认同族意识。

西方的宴会上没有互相敬酒的习俗，能喝多少喝多少。此外，西方也没有用酒来确认连带意识的习惯，他们更重视将饮酒作为娱乐嬉戏。

现在的日本人已经逐渐忘记了这种共食信仰，但也会无意识间对想要处好关系的人说"再喝一杯吧"。外国人无法理解日本人做这种怪事，这也许是日本人无意识地展现着古代习俗。

美丽的日本风俗习惯——把点心分给邻居

如今，共食信仰改变了形式，人们在日常使用的餐具中放入相同的食物，并把食物分给别人。

自己认为这个食物美味或者自己做出美味食物，便会说"请

---

① 三三九度：仪式上献杯的礼仪，用三只一套的杯子各敬酒三次。

你也品尝一下这个食物"来请对方和自己共同品尝。

这也是日本固有的人情共同体的连带意识行为。

如今前往日本乡下的话,还可以看到人们把做好的点心分给左邻右舍,通常是把做好的年糕、小豆包、萩饼分送给左邻右舍。

这种行为不只存在于日本。我去欧洲时也经历了这样的事情,一位老婆婆向左邻右舍送东西时说"这是我自己烤的磅饼",我也分到了其中的一块。

老婆婆看着我吃,便高兴骄傲地说:"味道怎么样?我烤得很好吃吧?"我想这与日本分享点心的习惯还是有些不同。

日本的话,虽然会说这个蛋糕好吃,但并不会自豪地说自己做得好吃。而是会说我做得有点差,我们一起来吃我做的食物吧。重要的是,这是共同体的一种责任,通过重复这样做互相确认共同体意识。

延续这种习惯的日本社会非常稳定,我认为这是日本人真正的同村或者同族的思考方式。

无论是从共食信仰诞生的"再喝一杯吧",还是将自己的食物分给左邻右舍,只要我们还有这种风俗,就不能认为近代思想中的纵向划分意识可以在日本的风土中扎根。

但事实是,日本社会正是通过这种近代思想实现了近代化,并使利己主义扎下根来,而且驱逐了日本人固有的横向划分的思考方式与风俗。

日本人自古以来吸收外来文化，并将其从本质上进行再加工。我们要运用这种智慧消化近代思想，创造出日本独有的内外平衡的新思想。

双亲与儿子儿媳生活在同一屋檐下，却分开建厨房、分开做饭，并将这样的行为归因为"年轻人与老人喜欢吃的东西不同"。如今不少日本人可以接受这样的行为，他们认为这显示了日本社会从共同体向个人的转变。但我认为，在饮食习惯上体谅对方，恰恰体现着日本传统的横向划分连带意识。这是我们不应该忘记的。

厨房是否分开暂且不论。正如前文所述，重要的是交换点心时的心情，哪怕点心不合胃口也没有关系。连带意识也正是自此开始萌生的。

西方人无法理解的"饮上司或长辈的杯中酒"

亲子间断绝关系长期以来被认为是丧失人性的做法，但是断绝也好，连带也好，并非来自别处，都是由人类自身创造出来的。

西方经常说身体接触，日本有一段时间也议论纷纷，不少人认为必须学习身体接触。

在日本这种共食社会中，以前这不成问题。

西方人觉得日本人"饮上司或长辈的杯中酒"的习惯很新奇。晚辈在酒桌上催促着上司或长辈，希望得到其正在饮酒的酒杯，拿到酒杯后再斟满一杯难得的酒，这一杯酒仿佛是上司或长辈借给晚辈喝的。这的确是非常奇妙的礼仪。但我们日本人一点也不会觉得奇怪。在酒桌上碰到这种情况便会说"好的"，然后给出自己的酒杯。

我曾经被西方人问道："那是在做什么呢？"直到我被问起才注意到这一点，对方把嘴唇贴到酒杯上，我也会把嘴唇贴到酒杯上喝一口作为谢礼，同时对方也会心平气和地喝一口作为回礼。人群中也有人拿着酒杯走来走去，让大家喝一口自己也会开心。

为了让孩子吃些食物，母亲会尝试用嘴把这些食物喂给孩子，这在日本很常见，敬酒也是共食信仰遗留下的遗产。

"作为相识的纪念"超越了干净与否，并以酒杯为媒介进行身体接触。

我向一位美国年轻人解释道："那是通过那种行为进行身体接触。"那位年轻人过了不久对我说："我也想试试。"我问他："不会觉得这种做法不干净吗？"他便说："不尝试的话我也不知道干净不干净。"美国人确实有很旺盛的实验精神。

我们互相交换了酒杯，此后看到我，那位青年总是露出发自内心的微笑。

如果有日本人还不知道这一点，可以好好地品味一下这种身体接触。

共食信仰发展为共享餐具,这表明人们互相认可对方的内心。这虽是间接行为,但等于互相允许身体接触。

日本社会以餐具和食物为媒介,不断进行横向扩展。

同一场宴会中并不是举办人喝特等酒、参会人喝二等酒。如果酒中毒的话,两者都会死掉。于是举办人与参会人通过交换酒杯,将两者的命运捆绑到一起。这意味着两者结成基本的连带关系,举办人与参会人的身份消失。

从举办人的角度来看,"把参会人放入与自己相关的横向连带关系"的做法会使参会人觉得与自己有着一样的待遇。横向的连带关系替代纵向的统治关系是共食的意义与社交目的,最终培养出家族意识和超出利害关系的人际关系。古代通常把家臣叫作"家子""家来"等,这些说法中都带有家字。武士们创造出很多像"家中"[①]这样的含有家字的词语。这些词语竟会让人觉得这种显而易见的纵向统治组织的服从关系,是从内部的横向家族连带关系发展出来的。

日本企业以家族意识为基础

工作结束下班以后,西方社会中的上下级关系会因此而中

---

① 家中:各大名家臣之总称,江户时代亦指藩。

断,重回平等关系。

在日本,即使下班,上下级关系也不会中断,反而会说"再喝一杯吧"。在公司形成的纵向上下关系向横向家族关系深入发展。

所以经济危机来临时,在日本,即使管理者削减全员工资,员工依旧会竭尽全力维持公司命运共同体。

这实在是不可思议的事情,如果把工资只看作劳动佣金的话,本不应该发生这种奇怪的事情。

这么不合理的事情为什么会发生呢?因为在日本人心中,公司就是一个家庭,员工全部都是家庭成员,地位越高的人越处于家庭的中心位置。如果不是这样的想法,是不可能出现这种现象的。这是美国式资本主义社会的道德准则与日本式人际关系的基本差异。

我相信,在这个世界上,能够生存到最后的,大概都是拥有命运共同体意识的人。

只盯着权利与义务、利害与打算、劳动与报酬是否合理,无法应对不合理的事态。因为当超出合理界限的状况出现时,这种僵硬的思考形态是无法应对冲击的。拥有超越道理和利害的家庭意识的灵活的思考形态,才可以通过不合理超越合理的界限。

如今,欧美再次审视日本的终身雇佣制,终身雇佣制把社会变为命运共同体,命运共同体的基石是同族意识。

这是日本近代化过程中一度想要舍弃掉的东西，人们认为抛弃掉同族意识就是近代化。

我们学习历史是为了创造出比我们现在更加幸福富裕的生活，把其中的好处当作优点来采纳并顺应现实进行改良，探究为何会产生缺点并进行改革。

我们不应将过去当作缺点全盘舍弃掉。无论是哪个国家，能使国民幸福的方法就是最好的方法。

这意味着日本人对共同生活的思考也应包含日本传统思想中的智慧。

日本没有"被骗的人不好"这种说法

互相敬酒、分点心可以再次确认共同体意识，而分发"搬家荞麦面"的习俗则是对加入共同体的确认。

把食物分发给周围的人，表示"今后想和你交往"，想想也觉得这种行为有些奇怪。长期生活在一起的邻居给的食物可以放心地吃。但未曾听过名字、没见过面的陌生人突然说"作为搬过来的象征，请您吃下这个"，这是相当粗鲁的做法。虽然如此，但在日本得到食物的一方通常会说"谢谢您的好意，您刚搬过来可能还不习惯，如果有不知道的事情请联系我"，然后心平气和地吃食物。日本人认为吃食物是承认加入共同体的象征。

送食物外的手巾或者毛巾我们能够理解，但食物在某些场合事关生命。

下毒的杀人手段是接近目标人物，取得对方信任后才实施的。在欧洲饮红酒时，主人会事前检测是否有毒药的味道，人们难以相信别人给的食物。

尤其是在纵向关系严格的社会中，人们更加注意食物。

我们很少听说文明社会会突然把食物作为建立人际关系的媒介而养成习惯。这表明，日本人的人际关系是以"他人和自己都是一样的人"这种牢固的信赖关系为基础建立起来的。

西方有很多与毒杀相提并论的谋杀手段。日本人认为毒杀是非常卑鄙的手段，倒不仅仅因为下毒，更因为日本人对"背叛人们之间的信赖"的憎恨。

大家常说日本人容易被骗。最近，在与别人畅聊人生时，有人甚至会说："人理所当然会行骗，错的是被骗的人。"人们为何会认可如此奇怪的观点？

不知外国的情况如何，日本曾经在任何场合中都不会有"错的是被骗的人"这样的言论。"偷东西的家伙是小偷，丢东西的是笨蛋"等台词只在落语中出现。

如今，物质上繁荣的日本如果建立在把"欺骗"之事正当化的人际关系上的话，日本人将会为此付出无法估计的代价。

为何事情告一段落后会吃荞麦面？

"搬家荞麦面"这一共食社会派生出来的习惯，是基于"没有欺骗者"的相互信赖的风俗。

但是，分发的为什么是荞麦面呢？在日本，还有一个吃"过年荞麦面"的习惯。

过年这一时间的划分，搬家这一场所的划分，为什么会与荞麦有关呢？我怀着疑问进行了调查。

荞麦面馆在文化、文政年间（1804—1830年）进入普通老百姓的生活，因此荞麦相关的风俗大概在江户幕府末期固定下来，并非是古老的习俗。

最初得到的解答为"荞麦面聚财，比较吉利"。

要是荞麦面真的聚财的话，荞麦面馆应该全部都是有钱人，所以这是毫无道理的解释。

因此，我尝试调查出现"过年荞麦面"与"搬家荞麦面"的江户文学，采用的说法果然是"据说荞麦面聚财"。

这种说法有些迷信，多数情况下人们也只是将荞麦面当作吉祥的象征。我想，其中一定有理由，于是便进行调查。其间，我突然想到，如果把"金（kane）"读作"金（kin）"的话会怎么样呢？①

荞麦面是用荞麦粉做成的，将面饼切细而食，古代的"烫面荞麦饼"是在荞麦粉中加入热水揉过之后而食。

金子自古以来被贴在建筑物和佛坛上，通常是把金子做成金箔贴在上边，制作过程中这些金箔一定会飞散至四方。荞麦粉用热水揉成面团后，会产生如年糕般的黏性。金箔匠人很有可能利用具有黏性的烫面荞麦饼将飞散的金箔收集起来。我想，这至少比"聚财"这种想法更有依据。

我教的大学学生中有人戴着非常漂亮的金戒指，我以为这是他的婚戒，于是问了一下学生，然而事实并非如此，原来是与他父亲的工作有关。

他出身于石川县，家族的职业是制作佛坛。石川县有很多与传统佛坛制作相关的手工业者，听说他的兼职工作就是帮忙制作佛坛，兼职工资不是钱而是制作佛像过程中飞散至四周的金箔。

他一个月去一次，工作结束后会敲打榻榻米使金箔飞舞起来，再用棉花收集金箔重新制作成戒指。

我问他："有用烫面荞麦饼取代棉花来收集飞散金箔的吗？"他回答道："听说那是最好的办法，以前的匠人都会采用这个办法，甚至连肉眼无法看到的小粉末都可以吸附上。"我接着问道："那如何用荞麦饼来收集？"他说："听说是将带有金粉的荞麦饼

---

① 日语中的"金"是钱的意思，既可以训读读作 kane，也可以音读读作 kin。

进行炙烤，荞麦饼烧完就只剩下金子，这是匠人处理金粉的常识。"

果然如我所料。荞麦面又细又长，故而人们赋予了它"请您能与我长长久久交往下去"的含义。最近，人们又赋予了荞麦面"串起日元"（日元与钱是相同的含义）的意思。

理发店、澡堂都是身体接触的场所

日本农村在办喜事时有分发萩饼、芋头茎的习俗。芋头茎是芋头的一部分。关于日本农业，有一种说法是，在进入稻作农耕之前日本为芋作农业，所以人们才会分发芋头。芋头茎表达的是"流下了欢喜、感激的泪水"[①]。

日本也有分发红豆饭的习俗。

红豆饭复原了日本古代大米的颜色，日本古代的大米为红色。例如，在静冈县登吕遗址出土的弥生时代的古代大米为红色大米。据资料记载，在具有大米精白技术的桃山时代，丰臣秀吉吃红米，其子秀赖吃白米。这一时期正好是浊酒变为清酒的时代。

现代人为了图吉利，故意将大米颜色染色为古代的红色送给其他人。

---

① 芋头茎的日语为ずいき，欢喜、感激的日语亦为ずいき，二者读音相同。

乔迁荞麦、萩饼、芋头茎以及红豆饭都是吉祥之物。这也就是说，日本人用象征吉利的食物分享内心的喜悦，通过共食逐渐确认想让对方过上幸福人生的共同体意识。

越是平民，越希望以食物和餐具为媒介，进行身体接触，以确认彼此的连带意识。从江户时代的生活场所到如今的娱乐设施，日本人改变了确认连带意识的场所。

澡堂的浴桶、更衣室和理发店的长凳自不必说是确认连带意识的场所，甚至连剧场也是。去看戏的话，名扬天下的名角在演得入戏之时，观众也会平静地吃东西，当中也有人吵吵嚷嚷。现在已经无法想象这样的观剧习惯了。

"看戏"是为表达对神佛的感谢

江户时代看戏的座位为包厢席，这与现在观看相扑的座位相同。相扑是祈求神明镇护大地的祭神仪式。戏剧也是祭神时再现神之功德的存在。阿国歌舞伎便是如此。

阿国歌舞伎当时只是表演念佛舞蹈、表演佛祖庇佑的宗教宣传剧。当时，把阿国歌舞伎的主办人称为"劝进元"①，把如今的入场费称为"报谢"。"报谢"指向神佛供献的金钱。因此，看戏意味着报谢神佛、与神佛共同饮食。所以舞台上的演员们不会

---

① 劝进元：举办劝进化缘收费表演的召集人。

在意观众吃喝而继续演戏。客人会在客人间将戏剧放置一边重新再次确认连带意识。剧场是神佛共存的绝佳的社交场所，在歌舞伎座的大厅相亲正是从江户时代遗留下来的习惯。

曲艺场也是一种社交场所，在客席中也有人睡觉。虽然并不是特意来这里睡觉，但确实在呼呼大睡。果然曲艺场是寻求安乐与解放感的社交场所。

现在的歌舞伎与曲艺场中开演铃声响起，观众便会立马坐在观众席位。如果迟到的人蜂拥而至、叽里呱啦地吵闹，则会被诘问作为观众的礼仪。这是日本人在明治之后观看西方戏剧所学到的。江户时代的演员与艺人如何使喧哗大叫的客人关注舞台呢？他们必定拼命提高自己的演技，让喧哗大叫的顾客逐渐静静注目观看，让睡着的客人"嚯"地站起来探出身子。落语中有绝对不笑的客人与使客人大笑的艺人之间的故事。我们可以清楚地看出演员与观众完全平等，不断从各自立场上孕育出深度的连带意识。我们难以判断，如今的演员与观众同江户时代的演员与观众何者更加幸福。

互助意识孕育出借贷的智慧

日本社会是横向划分社会，其中最重要的一个证据是江户时代民众的互助制度。

小田原藩的笃农家①二宫尊德在 19 世纪初建立信用工会。此工会是在德国建立信用工会前 37 年建成的，是世界历史中最古老的。

二宫尊德为了拯救贫穷的财政，构想出通过平民筹集钱创立共同企业与共同金融，最终分配利润的体系。

当时的平民即使拿出一千日元或者两千日元也无法获得利润。现在的钱，如果没有百万日元是无法产生利息的。因此，二宫尊德收集平民的一千日元或者两千日元，最后达到百万日元，他便把百万日元产生的利息分配给庶民。这就是他当时的构想。

当时高利贷的利息是 10%，二宫尊德将筹集起来的钱更加便宜地融资。平民每个月都可以拿到几分利息。二宫尊德用筹集的钱重新整修荒废的土地、进行土木工事并修筑道路，最终拯救了小田原藩的财政。

但这并非二宫尊德的原创构想，其基础是农民独创的向一般民众普及的"无尽讲"②。二宫尊德只不过是在"无尽讲"构想的基础上进一步整理和发展。

农村共同体中，民众最基本的互助制度是共同劳动。如果没有共同劳动的名义，他们便无法筹集钱和进行联络。

我们看一下正德年间（1711—1716 年）幕府对民众制定的

---

① 笃农家：热心并富钻研精神的农业家。
② 无尽讲：标会。日本的民间信用互助形式之一。

《御定书百个条》行政法，其中写着民众不可以随意集会、共同行动。

那时世界都是封建社会，由于尊崇宗教权威，并未对宗教上的集会设置障碍。

因此，民众想出以宗教上的例行节日活动为名义来集会的办法，便利用了自古以来就存在的"讲"。"讲"的词源是"得到讲解"。学习教义与解说的集团是"讲社"，把其略称为"讲"。总而言之，以神社佛阁为名义聚集接受讲义是被允许的。

于是，民众想出各种各样的"讲"来举行集会，比如大讲师、拜月讲、大山讲、富士讲、伊势讲、观音讲等都是地方创造出来的讲。

"讲"说到底是共同进行宗教活动的例行集会、共同听僧侣的故事，实际上"讲"是庶民为聚集起来进行横向联络、交换信息而举办的。

江户时代的"讲"立足于相互信赖

江户时代关东地区的农村，特别是江户郊外，一个月会举办十二种"讲"，并非每家每户都会全部参加，但至少会参加一种。

每次集会时，村民们都会在集会场所做红豆饭、小豆黏糕，做小菜，摆酒宴。"讲"在农村首先是一种从工作中获得解放的娱乐。在这种"讲"中一边吃饭一边交换"我家的儿子什么时候结婚""最近发生了什么"之类的信息。

大概因为日本人有共食信仰，代表家庭出席之人在回家的时候，一定会把在"讲"中出现的料理带回家里。而且他们会一边把"讲"中发生的事情说给家里人听，一边把这些料理分给家里的人吃。这样一来，没有参加"讲"的人也能以某种形式加入"讲"。

世界上大概只有日本人会把宴会中的食物带回家中，日本人通过吃相同的食物培育连带意识。

村里的每一个人都通过"讲"团结在了一起，不断强化横向连接意识。通过参加不同的"讲"，进一步传达着不同的消息。

"讲"不断发展，村民在"讲"中讨论"何时是谁的忌日，一起做法事吧"或者"谁生病了，一起去探望他吧"等，不久就变成"我们一起筹钱吧"。

其中，甚至有诸如"他病得很重，非常痛苦，我们一起愿他早登极乐""希望接他往生极乐的佛能够快点到来"等为了迎接佛从极乐净土而来的"讲"。

这是一种类似安乐死的"讲"，讲员为此需要共同说"来迎佛"。如今依然有保存佛乘云而降的挂轴的组织。

"讲"完全成为只有民众的互相救济、交换情报的集会。

这也许可以说是日本民众的智慧。

二宫尊德的独特性在于构想出信用组合的体系，民众如果不知道自己零碎的资本以何种形式回馈，他们是不会拿出钱的。

我认为，平民相互"信任"的基础在于牢牢地扎根于内心深处的"共同吃食物"这一共食信仰。

庶民通过构想出"讲"，把自己放在横向关系中帮助他人、拯救自己，使自身明白互相救助的重要性。他们无条件侍奉和帮助他人，这便是"巡礼报谢"。

日本人的善良——欢迎身无分文的旅行者巡礼

对于为了修行或供养而去神社佛阁的人，村民会无条件地给予救济。例如，巡礼者站在家门口，村民就会以"报谢"的形式无条件给予食品和旅费。作为回报，巡礼者和修行者会为这家人诵经。如果知道这家有病人，就会传授治疗方法和咒语。在古代日本的乡下，完全不认识的人之间也产生了人情，这也显示出人情对日本古代社会的重要性。

国家政治与文化发达的标准是行政制度上发达的社会救济制度。这意味着江户封建社会是非常迟缓的社会，如今的日本也经常被这么认为。

很难说这一指责合理。

在江户时代当政者构建的社会救济制度中，相当于现在的更生设施①的救助机构甚少。但江户时代以村落共同体为背景，利用宗教共同体意识，民众自己创造出了互助社会。

这或许是当政者怠慢导致的结果，反言之，因为民众创造出了这种理想社会，所以当政者也就没有必要建设更生设施。

这种关系是相互循环的，当政者不做的话民众就做，民众不做当政者就做。如今，有很多人认为，民众必须进行自我救济完全是政治的前近代性与政治落后导致的，自我救济不过是民众迫不得已保障自己生活的方法罢了。然而，我认为，这种拘泥于形式的理论是无视过去日本人生活意识的空论。

我们常说，日本是一个忘记民众的纵向社会。然而，这是因为只看到了当政者所做之事。事实上，如果民众自己救助自己，会取得超越当政者的效果。也就是说，没有了支配者介入民众的余地。我主张"日本的基层社会是横向划分社会"，至少江户时代民众以自己独特的方式不依靠当政者，在横向连带意识中创造出自己的互助制度。

江户时代不用带一分钱就可以巡游四国八十八所名刹的札所与御荫参拜②，我想这可以说是由民众内心的信仰支撑的富裕社会。

由于现在社会结构与以前不同，福利事业是政治的重要支柱。不是说现在想要复兴基层的横向社会，我想说我们都想拥有

---

① 更生设施：日本保护设施之一，收容因身体或精神原因需养护与辅导的人，并在生活上给予扶助。

② 御荫参拜：近世到伊势神宫去的集体参拜。

这种温暖的内心。

如今我们可能早已无法期待心灵丰富的社会。数年前，在东京公寓的角落里死去的老人竟然过了一个月都没有被人发现，独居有病的老人常常成为社会问题。这时我们有必要抨击如今的政治贫困。另一方面江户时代近三百年间，平民们不依靠当政者，而依靠自身的智慧。难道我们不应该自我检讨我们内心的贫困与匮乏的连带意识吗？

"请嘲笑我"有行刑的意思吗？

江户时代允许"村八分"①等私刑。如前所述，当时的农村是由平民亲手创建的相互帮助、共同救济的社会，如果出现破坏、扰乱这个社会的人，平民们无处申诉，就会行私刑。

仅例举私刑这一事实，就认为当时的民众很残酷是不公平的。

日本以前的私刑一般不会施加体罚，"村八分"的私刑只不过是"驱逐出村"。

由于无法离开故土，被村里驱逐的话，只能前往邻村或附近的村子借住。于是，被驱逐的人会为别人跑腿，抑或是做神社佛阁的看门人，以此来讨生活。

---

① 村八分：日本江户时代以来对违反村规的村民实行的一种非官方制裁，全村人断绝与此村民往来。

受到村八分刑罚的村民只有遇到两件事（葬礼与灭火）会有其他村民协助。①不久之后，受刑之人就会回到受刑之前。村八分作为刑罚是比较轻的。

这是一种一边说着"嘲笑我吧"，一边围绕村子走路的刑罚。这看起来有些原始，也有可能是非常近代的构想。犯罪是相当耻辱的，所以通过这种刑罚使犯罪之人反省。

总之，"嘲笑我吧"这种私刑并非来自报复意识，而是来自一种再教育意识。

这绝非意味着侵害人权与损害名誉。古代"笑"是侮辱，同时也是魂再生的行为。

因此，"被人嘲笑"是一种屈辱。另一方面，通过"被人一笑了之"也洗刷了犯罪的灵魂。如今我们常常使用"用笑使一件事情结束""用笑无法解决一件事情"等表达，这些表达也许和上文古代的刑罚有关。

"吃同一锅饭"就是最好的朋友

日本近代刑法构想的原点据说是"憎恨犯罪、不憎恨人"。

有趣的是，日本不对人的身体施加私刑。国外有美国西进运

---

① 成人礼、结婚、生产、生病、帮忙建新居、水灾时的救护、每年的祭拜法事、远行时帮忙看守，这八件事情中，其他村民完全不与之进行任何的交流，也不提供协助。

动时期的自缢私刑、欧洲国家的火炙私刑等残酷的刑罚，日本不存在类似的私刑。这也许是来自日本人哲学中的灵肉二元论。不可一概而说何者温柔、何者残酷，而是反映了不同精神构造。

日本人常常使用"吃同一锅饭"这一说法，这也是确认连带意识的话语。"吃饭"这种表现确实像拥有共食信仰的日本人的表现。但这种表达重点突出了"锅"，与共食信仰还有些不同。

实际上，日本也存在对火的信仰，重点是对烧锅之火的信仰。

燃烧的火为圣火，神在其中居住。共食用神火烧出的饭，是人类团体的纽带。这稍微不同于前文所述的直会，直会通过与神共食产生连带意识。我认为火神信仰是人神有别，是以神为原点进行共同体的确认。

年末在京都八坂神社举办有名的白术祭等就是火之祭典。

"吃同一锅饭""分点心""交杯"无论哪一种都是以朴素确保实感，今后无论怎样纵向划分社会，我们都应珍重无上下意识的传统。

正因为如此，如果日本社会以职业与财富等来区分人，我认为这是最大的社会犯罪，并且绝对不会被允许。不允许区别对待新移民与患疾病之人的子孙。日本人本来用更加温暖的人类群体之心互相帮助，即使共同体崩塌，个人成为社会单位，这份温暖之心也会持续支撑我们。人本来不存在可以区别对待人的权利与资格，"上天不作人上之人"就是真理。我反复强调，封建社会中所谓的身份阶级制度只是形式上的纵向社会，其基础是横向社会。职场中的组织与上下级关系的功能只是一种职场关系。

此外，一些日本人耻于区别对待别人，但却不知产生这种区别心的本质原因。听到如今依旧存在这样的现象，我想这会促使他们反省并启蒙。必须回到往日那个明朗的日本！

这是为了日本的近代化，同时也是为了日本人的名誉。

日本文化是一种灵活的"扩建式"结构
——贪婪地吸收了所有事物的日本多层社会

炸豆腐团的灵感来源于炸肉饼

在日本一般家庭的餐桌上所摆放的菜品当中，都会有炖菜这一种。比如在吃炖芋头的时候，也会把蒟蒻、萝卜、莲藕、牛蒡等蔬菜一并放入锅中煮，并用酱油入味。

这绝非什么特别的料理。与其说是高档餐厅提供的美味佳肴，不如说是平头百姓的家常菜。

不过话说回来，当我们放下筷子，开始思考"我们究竟为什么会吃这样的菜品"时，就会发现，迎面而来的是一个相当重大的问题。

首先，芋头，一般被认为是日本历史最悠久的食物之一，从南方传至日本，彼时稻作文化尚未流入。而蒟蒻、牛蒡大体上属于北方蔬菜，从西伯利亚，经中国东北地区传入日本并一路南下。特别是牛蒡，在全世界只有日本人食用，由此十分有名。

萝卜和莲藕虽说引进日本的时代有所不同，然而都是经由中国南方地区传入日本的蔬菜。

此外，作为发酵调味品，日式酱油也可以说具有亚洲常绿阔叶林文化的特征。

也就是说，从南方传入的芋头和来自北方西伯利亚经中国东北传来的蒟蒻，以及只有日本人才吃的牛蒡，加之从中国南方地区传入的萝卜、莲藕，用诞生于亚洲常绿阔叶林发酵文化的日式酱油进行调味后，如今就这样被盛放在我们面前的盘子当中，这个过程是如此自然。

当下，这样的食物人们早已习以为常，用筷子夹起来吃进肚子里，也不会觉得丝毫不可思议，但是仔细留心分析的话就会发现，在眼前的这个盘子里承载着的是日本文化的缩影。

我们常吃的关东煮当中，有一种被称为"雁もどき"的极为稀松平常的食物。其中"雁"便指鸟类中的"大雁"。而"もどき"则是跟在名词之后起到修饰作用的词，意思是"宛如……的……"，或者通俗点说就是"像……的……"，即"相似之物"的含义。

因此，所谓"雁もどき"便指的是"与大雁肉相似的食物"。

这种食物是在禁食荤腥的寺院中被发明出来的，属于"精进料理"①的一种。僧侣们不能吃肉,于是就利用谷物和蔬菜制作出了许多与肉类颜色、外形以及口感都十分相似的食物。炸豆腐团便是其中之一。

制作炸豆腐团时会将豆腐一次性捣碎,并进一步去除豆腐里的水分,然后往里面放入各式各样的蔬菜。

其制作过程稍显复杂,如今是在去除水分的豆腐里加入蛋清,但是在过去是将碾碎的山芋加入其中并再一次混合搅拌,接着放入油锅煎炸。

在炸豆腐团的时候,油的温度也非常重要,如果油的温度相对较高,那么就只有豆腐团的表皮是脆的,里面还保持着原本嫩豆腐的样子。因此,考虑到豆腐团里面很厚,为了让油的热量可以传导进去,就要用小火低温慢慢煎炸。

这种小火煎炸的方法其实也并非日本人原创。

在关西地区,炸豆腐团也被称作"飞龙头"。

飞龙头在葡萄牙语中叫作炸肉饼。小火低温慢慢煎炸的方法是日本人在了解到飞龙头,也就是炸肉饼之后学到的。

作为炸肉饼的替代品,日本人把榨干的豆腐和山芋搅拌在一起作为主料,并做成与之相近的外形,然后选用萝卜、牛蒡、银杏等代替西洋的蔬菜和肉类,再掺入搅拌好的豆腐中,再用做肉饼的方法慢慢煎炸,终于属于日本人的独特的精进料理"炸豆腐

---

① 精进料理:日本素斋的代表,来源于佛教。

团"大功告成了。

竹轮原本叫"蒲鉾"

以飞龙头这种南蛮料理①为基础，日本人做出了与之大不相同的精进料理——炸豆腐团，并把它当作关东煮配菜的一种，如今的人们甚至无法将它与其灵感来源炸肉饼联系一起。

虽然炸豆腐团的确是日本特有的一种食物，但是试着分析一下，就会发现这也并非日本人的原创。

和豆腐团放在一起煮的食材中，有一种叫作竹轮②的食物。

竹轮是用竹子将"蒲鉾"③卷成轮子状烤制而成的，正如其字面含义"竹轮"一般。人们常以为"蒲鉾"是放在板子上的，然而在过去却并非如此。

"蒲鉾"原本被叫作"崩身"④，是把鱼肉研碎，卷在竹棒上烤制而成的食品。因为其外形类似于香蒲的穗儿和香蒲的尖儿，所以日本人便根据其外形为其命名。⑤

即使在如今，濑户内海沿岸地区，还有被视为是"蒲鉾"的

---

① 南蛮料理：16世纪末从欧洲传入日本的美食。
② 竹轮：将鱼肉糜包裹在竹子等棍状物体上加工而成的食品。
③ 蒲鉾：日本的一道美食，主要食材是鱼。
④ 崩身：碎鱼肉。
⑤ 蒲鉾在日语中即"香蒲尖儿"的意思。

原型的食物。制作这种食物时，会选取海鳗这种鱼，将其身体剖开，把骨头剔除，也无须研碎，就用竹筒把它卷起来，卷成香蒲穗儿的形状，然后或蒸或烤，熟了之后就可以吃了。

也就是从江户时代的元禄年间（1688—1704年）起，"蒲鉾"不再卷在竹筒上，转而开始放在板子上。于是，原本香蒲穗儿、香蒲尖儿状的外形渐渐地被舍弃了，仅保留了曾经的名字"蒲鉾"，并改名叫作"板付き蒲鉾"，意为放在板子上的蒲鉾。不久之后，又进一步简化为了"板蒲鉾"这三个字，后来"板"字也被拿掉了，又变回了"蒲鉾"这一名字。

后来，人们觉得有必要把这种"蒲鉾"与传统的竹轮区分开来。于是，虽然有些离谱，但是仍然决定改变传统的竹卷"蒲鉾"的名字，不再称其为"蒲鉾"而叫作"竹轮"。

因此，原本的"蒲鉾"指的是现在的竹轮。不过，不论是竹轮还是蒲鉾，都是日本独创的食品。

把竹轮、"蒲鉾"和炸豆腐团加入日式酱油调味后一起煮，并放在同一个盘子中品尝。如此一来，来自葡萄牙的炸肉饼和诞生于日本本土的"蒲鉾"等食品就被赋予了同一种味道，作为日本人的我们也坦然接受了这样的结果，品尝着这些食物。

由此来看，该说是贪欲吗？日本人的胃真是什么都能消化。而且能把所有的食物都视为日式料理来品尝。说句不好听的，日本这个民族实在是一个杂食民族，在食物方面表现得毫无节制。

然而更进一步考量的话，又会在其中发现日本人的另一面，那便是秉持着极为严苛的做人操守的一面。

诞生于日本风土的贪欲的智慧

在这个话题中，我们必须考虑我们所居住的日本列岛的自然地理条件。日本是亚欧大陆边缘南北狭长，状如鳗鱼的岛国。国土向北延伸至寒冷的西伯利亚附近，南部则靠近东南亚。因此可以说是处在一个方便南北文化传入的极好的位置上。

不过从日本自身条件出发去考虑，日本地处温带，所以气候相对温暖，自然条件优越。然而同时又受东亚季风带的影响，台风较多，优越的自然条件却无法长久稳定地提供粮食。可即便如此，日本人也无法向列岛外寻求粮食供应。虽然的确很难遭受到外来民族的侵略，但与之相对应，日本人也无法走进外面的世界。其结果便是日本人只能选择自给自足，由此培育了日本人善于利用一切的精神，不论是岛内固有的，还是外来传入的。也就是说，岛国的自然条件培养了日本人舍上性命的好奇心。

人们认为，在漫长的历史长河中，日本人想要凭借自身从这样的内外地理环境中发掘所有的文化要素是极其受限的，因此，日本人形成了一种极力利用外来文化生存下去的习惯。

一旦受到来自岛外的刺激，日本人就会充分发动自身能力予以应对。此外，也会把舶来品变为与之完全不同的，拥有崭新价值观和性质的物品，以确保即使身处日本列岛这个受限的环境当中仍可以使用这个东西。我认为日本人就是有着这样复杂的性格。

虽然日本人也并非抱着"不管怎么说，能吃的东西就吃，无非是豁出去了"这种悠悠然的态度，但是即使纠结也无济于事，就只能硬着头皮豁达地活下去了。

恰在这时，炸肉饼这种南蛮料理传入日本，于是日本人就抱着试试看的心态品尝了一下。在其他地方也一定会有别的民族想着"这是葡萄牙人的料理，还是算了吧"而选择不吃。然而对于日本人来说，却没有这样"奢侈"的选项，就只能去尝尝看了。这就是舍上性命的好奇心。

最终也无非"美味"和"有些难吃"两种结果。或者就是抱着"虽然炸肉饼里面的肉是禁忌，但是小火低温慢慢煎炸的方法倒是挺好用的"等这样那样的想法，最终发明出了炸豆腐团。

如果当初炸肉饼没有传入日本，也就不会有后来的炸豆腐团了吧。

为什么只有日本人喜欢"煮"米饭

我将这种现象称之为"受到触动后的文化再生产"。

可以说，日本人并不擅长无中生有，但是在原有的基础上进行改良创新却是日本人十分在行的，"受到触动后的文化再生产"就指的是此类改良。

通过发挥这种长处，日本人对传入国内的各式各样的文化进行了再生产，创造出了与之前完全不同的、适合日本的文化。

构成日本主流的农耕社会以后的文化，的确是被称为亚洲常绿阔叶林文化带的东南亚圈的文化。但是在此之前，已然有属于北方西伯利亚大陆的文化传入。之后，在北方文化和亚洲常绿阔叶林文化之间，还有穿越太平洋的大洋中心、流入日本的南方芋头栽培文化。也就是说，北方、南方、东南三个地域的不同文化在日本交汇重叠。进而，更高等级的大陆文化也经由朝鲜半岛传入了。

季风与洋流等大自然巨大的搬运能力，以及日本独特的地形位置，共同交织成一种自然的宿命，将不同的文化带到日本。

在日本国内，为了能够适应日本人的体质、国土条件、自然条件，以及日本人自身的生活阶段，这些文化经历了一轮又一轮的优胜劣汰，最终流传至今。我觉得这也许就是日本的前进方式，或者说是日本历史的变迁。

从宏观视角来看，日本数千年的历史便是这般外来文化融合与选择的历史。

大米是亚洲常绿阔叶林文化中最后的广为传播的物资，日本人将其引入国内。

在东南亚，人们习惯用树叶包着大米蒸，我想"蒸"这种烹饪法也随之一起传入了日本。但是只是蒸的话，大米中所包含的麸质（有黏性的淀粉变质后产生的物质）并不能充分释放出来。

因此，日本人想到了将大米放在水中煮，即所谓的"煮饭"。

欧美人在大口锅中倒入满满的水，再把大米放进去煮，等米变软了以后，再用大网把米捞出来，把水控干。时至今日依旧如此。

日本人则会让含有麸质的水分再一次被大米的组织吸收。这就是所谓的"后熟"，人们会用"蒸""蒸熟""熟"来表达这种含义。在米饭煮熟之后，先不要着急打开盖子，在锅里再放一会儿，那时候全部的麸质就会被再次吸收进大米中了。对于这种做法，日本人是这样表述的："再在锅里放一会儿，煮出来的饭更好吃。"

事实上这样做，在保证能量不会流失的基础上，还可以让美味程度大幅提升。

这便是米饭"美味"的根源。

在江户时代，大米的品种已经改良了九十六种

日本人更进一步对大米本身进行了品种改良。

在足利时代（1336—1573年）后期，有一本叫作《亲民鉴月集》（又名《清良记》，第七卷是农书）的书，书中记载了日本伊予国（爱媛县）土居清良①的事迹。此书被认为是日本最早关于农耕方法的书。

当中列举了各种农作物，包括二十四种小麦、三十二种大豆等，且也有一部分是关于大米的。

当我们翻开这本书就可以发现，当时大米的品种已经多达九十六种。也就是说，大约四百年前，人们已经有意识地对大米进行改良，形成了九十六种品种，这些品种被当时的种植者们区别利用。

品种改良的目的首先在于制作出高卡路里的食品，总之就是种植出麸质含量高的大米。此外也存在大米不适应风土和土质的情况，因此日本的农民自中世②以来，就不断地对大米的品种进行改良，终于改良出了九十六种大米，并分别为其命名，这些大米卡路里含量高，并且能够适应日本各种风土自然条件，可以在山地、寒冷抑或是干旱的地区进行种植。

倘若是如今的农耕手段，品种改良早已不在话下，很容易被人们想到。很多人都认为，江户时代的农民是一个目不识丁、只会遵循自然农耕方法的没有文化的群体。那就大错特错了。他们

---

① 土居清良：日本武将，伊予国大森城主。
② 中世：12世纪末至16世纪中期。

没有像今天的人们一样借助农业专家的力量，而是用自己的双手亲自耕作，摸索出了同现在可媲美的有头脑、有计划的方法。

如果要问那九十六种大米分类命名的标准是什么，除了它们各自适应的种植地区，还有就是不同大米含有的卡路里以及麸质的量。

那么在当时那个时代，没有现代的分析仪器，农民又是靠什么对大米进行分析的呢？答案是农民的舌头。通过自己的味觉对其进行分类。从中便显示出了当时的人们味觉的极大进步。

苛刻的岁贡推动了农业技术的进步

一般来说，食物单一的民族味觉都不怎么灵敏。而摄取食物丰富的民族味觉会更发达。在这一点上，欧洲的食品种类数量只是日本数量的一小部分。提起日本人味觉发达的理由，首先要说的就是日本的自然地理，日本地处温带，又受到东亚季风带的影响，正如之前所说，南北方各式各样来自不同文化的食物都出现在了日本人的饭桌上。

而且也不仅仅是好奇心的原因，从现实角度来说，实属迫不得已而为之，如果不吃这各式各样的食物，就会面临死亡。就其结果而言，锻炼出了日本人微妙的味觉。

日本人依靠其发达的味觉品尝大米，最终区分出了大米不同的品种。这就是大米品种改良智慧的出发点。

此外,当大米被当作税进行征收时,农民为了保住自己的性命,迫不得已要对大米进行量产。

统治者会根据土地面积和那片土地相应的大米产量,以"岁贡"的形式向农民征收租税。

因此,农民的生产只有超过统治阶级的征税要求,才能保证自己不挨饿。这是因为缴纳岁贡之后,剩下来的多余的部分才是留给农民自己的。这也成了农民进行品种改良、增加大米产量的契机和动力。

在这样的背景下,原本压榨人民的日本封建社会,反而极大地推动了日本大米品种的改良。也就是说,这种智慧来源于被迫无奈。

之前提到过,江户时代对农民的压榨,一开始是"五公五民",后来则变成了"六公四民"乃至"七公三民",随着时代的发展,愈发苛刻。

农民在受到严重压榨时,比起准备逃亡或起义,首先想到的是设法应对,他们会转变思维,想到只要生产的量超过被榨取的量就好了,于是开始投入自身的智慧和劳动,对大米进行品种改良。

此类为应对极限状况而产生想法的思维观念,可以说是十分现代化的想法。这种诞生于封建的江户时代的灵活思维,在向我们展示当时农民高超智慧的同时,也成了支撑他们生存下去的巨大力量。我想,我们是不是在不经意间忽视了这股力量呢?

"扩建式结构"体现了日本人的强大

最大限度征收岁贡"使百姓半死不活"已然成为封建领主间心照不宣的秘密。知晓此事的我们,在脑海中闪现出的是不是只有面对压迫无力抵抗、默默忍受的无知百姓的身影呢?

事实上,纵观整个日本封建时代,饥荒饿死的百姓,除天明大饥荒等灾年外就没有了,这些已然被历史证明。百姓实则比压迫者更为聪明智慧,即使受到压迫,也可以很巧妙地想出储存余粮的方法,那便是"隐田法"。这是一种近代化耕作方法,即在无法增加水田面积时,对农作物进行品种改良。

我在思考,为什么百姓"像油一样被压榨",却依旧能保住性命这个问题时,就猛然间注意到了,约四百年前,上文提到的伊予国农民已然实现了大米品种的九十六种改良。

也注意到了农民在对抗压迫时,除了起义之外,还运用自身智慧,向统治者展现出一副好似顺从的样子,最终在迂回斗争中取得胜利。这同日本人在顺应自然的过程中利用自然的科学方法有异曲同工之妙。

封建社会阶段,日本的农耕方法乍一看陷入了停滞,实则不然，在以味觉为基础的品种改良和为应对压榨而进行的品种改良的相辅相成之下，日本农耕稳步地向前发展着。

试着思考一下就会发现，战国大名原本大多就是农民，江户时代的大名亦是农民出身。他们都是以农民为身份背景，在新时代成为统治者的。

我们往往只会想到这些统治者是依靠自身的智谋、武力，或是与他人结盟从而确立了自身的统治。同时也仅仅只是看到农民作为被压迫者的弱小。但是忽视了历史的真相，那就是生存在统治者领地上的农民阶层亦是十分聪明的，正是他们的生产使统治者拥有了鼎立于世的实力。

以炸肉饼为灵感发明出炸豆腐团的智慧绝不简单。

我觉得，日本人就是能够在生活中培养出那种多角度思考、处理问题的性格和能力，以应对外界的压力。

这种所谓的"贪欲"，我愿称其为"扩建式结构"。

日本的味道就是日式酱油的味道

在向来到日本的外国友人解释所谓的"日本的味道"时，我都会用"日式酱油的味道"一言以蔽之。对此还会有人追问："日式酱油的味道是什么？"对于这样的问题，只得如此回答："那是一种美味。"

日本人所说的这种"美味",无法用英文或是中文来解释。"美味"这个词语中包含了一种只可意会不可言传的感觉。但是正如酸甜苦辣咸这"五味"具有实体一样,"美味"亦然。那便是谷氨酸和氨基酸共同作用的味道。

虽说从分析化学的角度来看,煮米饭这种烹饪法是一种大量摄取"麸质"的方法,但是日本人很早以前就开始从大米以外的食物中摄取谷氨酸和氨基酸了,并且在这个过程中,仅仅只是依靠自己的味蕾。

在江户时代的落语中,就有"做出米糠酱的酱汁让人吃下去"的话术。因为是落语,所以这样的话术自然是以搞笑为目的,实际上在江户时代,人们并不会吃米糠酱。那么仅仅是因为"米糠酱"(糠味噌)与"酱汁"(味噌)这两个词语在日语中很相似才会出现这样的落语话术吗?也不尽然。

其实在用蔬菜发酵制成的米糠酱中,含有大量的谷氨酸,十分美味,因此也不是不能用作调味料。

虽然在今天不用米糠酱了,但是使用蔬菜发酵而成的草酱却是与米糠酱类似的一种调味品。

这条落语的作者是否知道草酱另当别论,但是其中的趣味性却并不仅仅局限于语言词汇的关联,还有其本身的现实感,因为日本人是能够想象到"米糠酱酱汁的美味的"。

日本人最初用舌头品尝到的含有谷氨酸和氨基酸的调味品,

是用鱼肉发酵出的鱼酱。如今也是，在日本海沿岸的一部分地区，特别是在秋田、山形、新潟县的部分地区，人们所食用的酱汁还是这类鱼酱。

这是一种用生鱼肉发酵制出的酱汁，秋田料理"盐鱼汁"所蕴含的便是这种美味。

为什么关东的酱油味道更浓呢

是什么时候发明的草酱和鱼酱呢？并没有详细的记录，但可以确定的是这段历史相当悠久了。

与草酱、鱼酱相对应的，有一种以五谷为原料的谷酱，那是从大豆中发酵提取出来的酱油，这种让蛋白质发酵的点子源于亚洲常绿阔叶林文化中诞生出的智慧，而日本人借此，制作出了日式酱油。

酱油的美味并不单单体现在味觉上，构成这种美味的成分谷氨酸是一种有助于成长的酸素，能够促进全身发育。

因为氨基酸是促进以大脑为首的细胞分裂的酸素，所以可以使人的智力得到发展，谷氨酸和氨基酸对于人体的成长发育来说，都是十分重要的元素。这就是美味，这就是酱油。

此外，日本人为了暂停发酵，保存食盐，也会适当调整盐的用量，以此制作出多种用途的酱油，就像是曾经培育出了诸多品种的大米一般。

从专业角度来说，根据日式酱油的品种，虽然可以分出诸多类型，但是大致可以归为三个系统。以关西地区为中心的淡口酱油，以中部地区为中心的溜酱油[1]，以关东地区为中心的浓口酱油。

大豆不炒直接蒸，使其盐分减少，并保持其中的谷氨酸和氨基酸等含量，制作出来的就是关西的淡口酱油。把大豆炒熟之后，使之颜色发黑，浓浓地榨出来的就是中部地区的溜酱油。而增加含盐量，使颜色变得更深从而制作出来的就是关东地区的浓口酱油。

这就是出自风土地理的味觉，虽然是迎合个人喜好所产生的，但是当中也有其深深的必然性。比如溜酱油的分布圈中，有一种黑色味噌，非常有名，叫作冈崎八丁味噌[2]，被广泛食用。

来到关东地区的山地，会发现这里的酱油就不属于八丁味噌一系了，这里广泛食用的是黄色味噌，当中的盐分很多。主要是在信州、甲州、上州等位于食盐运输不便的山地地区。在武田信玄和上杉谦信之间爆发的战争中，因为武田军的食盐供给不上，战争一时中断了，于是上杉便给武田送去了食盐，这段故事家喻户晓。如此，在山地地区，食盐的供给是有可能中断的，因此就

---

[1] 溜酱油：将大豆麦芽与盐水混合并使其发酵成熟而制成的浓稠酱油。
[2] 冈崎八丁味增：日本爱知县冈崎市八帖丁生产的大豆制成的味增。

像信玄味噌那样，作为食盐保存方法的一种，就会增加味噌和酱油中的含盐量。于是便有了黄色味噌，这也是东日本地区浓口酱油的起源。

与此相对，关西地区临近濑户内海和日本海一侧的若狭湾，海产品十分丰富。这些海产品中，小型鱼类很多，换句话说，可以连内脏一起吃的鱼类很多。有穿成串的咸沙丁鱼、梭子鱼幼鱼、缩缅杂鱼之类的，这些鱼的内脏中有十分丰富的有机盐。另外，京都人有吃各种各样草本植物嫩芽的习惯，例如，腌油菜花至今都还是当地的一种名特产。蔬菜也是一样，在新芽开花之前也被称为"茎"。当地的人都会吃这种花茎。其中含有大量有机盐，所以也就不需要另外摄取、储存盐分。因此，在那边含盐量低的淡口酱油很受欢迎。如此，与各地区的地理条件相对应，酱油的品质特点也有所不同。

日式牛肉火锅起源于日本人的不讲究

气候和风土也会对酱油口味产生影响。在关东平原以及近海地区，人们多食用浓口酱油，这就无关乎盐分的保存了。主要是因为关东地区气候寒冷，血液内的盐分升高有助于促进体内热量燃烧，使体温上升。也就是说，大量摄取盐分是为了保暖。因此，关东人多食用高盐的口味浓厚、辛辣的酱油。人们发散了思维，通过食用含盐量高的酱油，保存体内盐分，达到抗寒的目的。综上所述，酱油的食用、生产是根据当地的地理条件和风土习性来区分的。

在此基础上，根据食用目的的不同，不同种类的酱油间也会进行简单的交流。浓口酱油圈包括以浓尾平原为中心的爱知县、岐阜县等地区。此地的人们往往会选择浓口酱油作为调味品。但是，浓尾平原的特产萁子面①并不像关东地区的荞麦汁那样黑，而是关西地区的清淡口味。这是因为，比起关东地区的味浓色黑，关西地区清淡口味的萁子面更适合当地人的"味蕾"。此外，吃生鱼片的时候会用溜酱油调味，而生鱼片旁边的汤汁却是用淡口酱油调味的，炖菜则是用关东的浓口酱油调味。一个套餐中用了三种不同类型的酱油，而这三种酱油分别有不同的用途。这种现象的产生是因为日本人的味蕾能够辨别出味道中微妙的差异。也就是说，产自不同地理条件和风土气候的酱油，是根据搭配食物种类的不同来区分使用的。

这看起来似乎是理所当然的，但是仔细想想，会发现其实是日本人思维方式的一个相当大的转变。从江户时代进入明治时代以后，从国外传入了吃牛肉的习惯。在横滨的元町一丁目，一位名叫中川屋嘉兵卫的人开了一家面向外国人的牛肉店。福泽谕

---

① 萁子面：日本面的一种，外形宽而薄。

吉[1]建议"牛肉应该随着社会的开放变成大众料理"。于是中川屋决定向东京市场进军,但是,如何把牛做成牛肉是很花费工夫的。据流传下来的资料记载,首先要立起四根青竹,系上御币,并缠上注连绳[2],再用挂矢[3]狠狠地把牛敲打一番。之后便只取牛肉,把剩下的骨头和内脏都埋在土里,最后诵经超度。

行神道仪式,之后念诵佛经,是极富日本民族性格的做法,从这里也能一窥日本人扩建式的精神构造,总之就是吃牛肉的习惯形成后,人们又开始用日式酱油调味,于是就出现了牛肉火锅、牛肉铁板烧。

今天,用酱油调味的日式牛肉火锅和铁板烧被出口到欧美,非常受欢迎。但是,在这之前日式酱油只是作为鱼肉铁板烧的调味品使用,和牛肉完全没有关系。

酱汁和酱油的决定性差异

就像大米传入日本的时候,蒸米的烹饪方法也一并传来一样,肉牛进入日本之后,相应的烹饪方法也一道传入了。这是一种把牛做成牛排后,淋上酱汁的吃法。

虽然酱汁和酱油同为调味料,但本质上是完全不同的。酱汁

---

[1] 福泽谕吉:日本明治时期的著名思想家、教育家。
[2] 注连绳:神殿前挂的稻草绳。
[3] 挂矢:大木槌。

只是为了加入甜、咸、酸、辣等各种味道,对各种食物进行物理加工。

而酱油,如前所述,是因酵母菌发酵而产生的美味,是通过化学作用制成的。如果酱汁不合口味的话,就尽快改变烹饪方法试试吧,把添加到鱼肉铁板烧和鸡肉时蔬火锅里的酱油淋到牛肉上尝尝看吧。用牛肉代替鱼肉做成铁板烧,可以说就是一种不讲究吧。

但是,不拘泥于"牛肉搭配酱汁吃"的饮食习惯,觉得酱汁不行的时候,就改为搭配酱油的吃法,这难道不是日本人通过巧妙的思维转变创造出的新智慧吗?

现如今,素面和荞麦面,就着酱油调成的汤汁吃是再正常不过的。

说起日本面条类的食物,最古老的是索饼①。它就像一种粗壮的素面,有时会用小麦粉制作,但基本上都是用米粉制作。把米粉揉成长绳状,蒸好后蘸着味噌酱吃。素面是和禅文化一起传入日本的,制作时要用油进行搅拌,随后加入食盐,拉长拉细,烘焙干之后就可以食用了,这种面还可以长时间储存。以前也会淋上味噌酱吃。

切荞麦面,切乌冬面——此处的乌冬面(うどん)汉字写作"饂饨",是将面拉长切细之后做成的,进入江户时代,这种面借

---

① 索饼:唐代中国传入日本的点心之一。

助禅宗寺院的烹饪传统传播开来，最终形成了素面、乌冬面、荞麦面各种形式。最开始的时候，这些面仍是煮了之后，蘸着酱油吃的。荞麦面原本发源于中国云南省附近，经中国北方传入日本。与亚洲常绿阔叶林文化几乎同一时期传入，于是，从北方来的荞麦面和从南方来的发酵文化在日本相遇了，日本人把它们结合在一起，也就形成了蘸着酱油汁吃荞麦面的饮食传统。

如此看来，日本料理可以说是日本文化的代表，也记录着各种外来文化与日本饮食充分结合、相互交融的日本历史。而且对外国文化的扬弃也体现着日本人的喜好，解释日本文化形成的要素都在这个过程中被一一陈列出来。

哪怕是仅仅透过一个盛放料理的盘子，也能看出其中蕴藏的文化。在寺院料理中，盘子一般是圆形的。

而怀石料理①的盘子可以是扇形、花形、鱼形或其他任何形状。

欧洲的盘子直到19世纪才有了花形。在日本，花形的盘子从平安时代（794—1192年）起就已经存在了。在桃山时代（1573—1603年），花形的盘子被称为菊花盘，是最为常见且广为流传的。

江户时代又出现了舟形、刀刃形，甚至还出现了迎合天主教徒喜好的十字架形的盘子。在十字架上盛放食品等想法，恐怕只

---

① 怀石料理：原为在日本茶道中，主人请客人品尝的饭菜。

有在日本才会有。

人们常说西餐是用来品尝的，日本料理是用来观赏的。实际上，这么说并不准确。应该说日本人为了辨别"美味"，甚至动员了"视觉"。

日本的烹饪方法需要长时间的经验积累

在日本，有一类使调味品的味道渗入食物当中的烹饪法，利用此类方法做出来的是一种炖菜。

而这种方法在西餐中基本上是不存在的。西餐不会让调味品味道渗入食物本身。所以，吃东西的时候往往会选择在食物表面淋上酱汁或色拉调味料等。

日本的酱油，从一开始就是一种用于浸润食物的调味料，是一种能使美味长久锁在食物当中的调味品，而酱汁只是用来给食物增加风味的。

此外，日本料理的基础是在不去除食物本身味道的情况下对其进行烹饪。

日本料理烹饪的基本原则是在烹调食物时锁住食物本身的味道。比如，我们去煮早春的花茎，不正是因为我们喜欢花茎中蕴含的淡淡苦味和春天的味道吗？

之所以要保持食物本身的味道，是因为日本人在品味食物的同时运用了自己的味觉、嗅觉和触觉。也因此，在烹饪时便不会使用任何会消除食物本身味道的调味料。例如，如果加入浓口酱油，花茎的苦味和气味就会消失。所以，在烹饪花茎时，要在加热之后，从锅中取出花茎前的最后一刻加入少量淡口酱油。这样一来，花茎的美味便会被保留下来，而且还可以嗅到铁的味道，同时又很好地加入了酱油的味道。

如果某种烹调方式一并去除了这道菜入口的味道和扑鼻的香气，那花茎中所含的有机盐和铁物质可能也就随之流失了吧。

日本的烹饪技术并不是简单地追求把食物煮熟，而是要使调味品的味道均匀地渗透到菜肴的内部，特别是炖菜这样的料理。这就是为什么日本厨师需要经过多年的培训来发展他们对每种食物的烹饪技能。

让味道渗透到食物中是一个物理上的作用。而通过这个过程使食物变得更加美味则是一种有机化学上的作用。日本厨师必须经过反复磨炼和学习以同时掌握"物理""化学"两方的作用，才能够成为一名优秀的厨师。要做到这一点，单凭理论是不行的，还需要不断实践。

在西餐中，供应牛排时，土豆和豆子会被单独炖煮、煎炸，并摆放在牛排旁边，然后淋上相同的酱汁，一起食用。在日本料理中，有一种把各种食材分别烹饪后，盛放到一个食器中食用的料理，比如在烹调竹笋、土当归和高野豆腐时，就会选择这样的方法。

上面提到的西洋料理也是把土豆单独烹饪的,尽管两者看上去十分相似,却有着不同的目的。当把竹笋、土当归和高野豆腐这三种食材分别炖煮后盛到同一个盘子中食用时,就不需要再添加任何酱汁了。单独烹调的这三种食物,在保留了各自风味的同时,也表现出了共同的美味。

因此,日本料理的烹饪是一个非常耗时的过程,此外也必须要有长期的经验积累。这点也就导致了高成本,虽然存在这样的问题,但是却收获了一个好的结果。在此过程中,人们可以通过味蕾体会到人与自然和谐共生的喜悦。

日本料理中表现出来的这些基本理念被我们自然而然地应用到了日常的家庭烹饪中,日本的家庭主妇在准备日常菜肴时,就会半习惯性地践行这样的理念。

日本料理的精髓是亲近自然

西方人在品尝食物时,见证了他们如何去除自然的风味、如何征服自然的过程,这是西餐展现出的基本理念。

而日本人通过自己的味蕾,与自然进行交流,同自然和谐共生,并从中感受到了乐趣。出于这个原因,日本人会去尽量保留食物的自然风味。这便是日本料理的基本理念。

简单来说,西方人经常吃色拉。如果是可以生吃的蔬菜,就会搭配色拉酱去吃。而不能生吃的蔬菜就会煮熟,再淋上酱汁。

日本人在面对不能生吃的蔬菜时,会用"焯拌"的方式,把它们稍微煮一下,以保留当中的自然风味。在日常生活中,蔬菜的食用方式竟有如此大的差别。

即使只是在饮食生活方面,日本人对自然和外来文化的态度也是极其复杂多样的。可以生吃的食物就会尽量保持其原始风味,同样,那些只需稍微煮一下就可以吃的食物也是如此,而需要煮熟煮透的食物仍然也会煮熟煮透。

通过使用三种不同类型的酱油调料,可以在餐桌上呈现各式各样的食物。人们常说日本人性格淡薄,不够执着,但这只是外人的一面之词。如果真是这样,日本人也就不可能在饮食方面与大自然进行如此深入的互动,也不可能在餐桌上摆出种类如此之丰富的食物。

通过日常的饮食生活,甚至可以看到日本人的精神构造,那种看似大胆、莽撞、漫不经心,实则极为细腻、多层次的精神构造。江户时代著名的狂歌师、剧作家蜀山人(本名大田直次,号南亩,1749—1823年)在他的作品《一话一言》中记载道:"五步一楼,十步一阁,尽皆吃喝玩乐之地。"这是一份关于江户有多少家饮食店的记录。文化、文政年间(1804—1830年),江户城有6000多家餐馆,各式各样的食物被当时的人们品尝。这时期流行一种被称作"赌茶"的消遣娱乐。游戏的参与者分别品尝几个陶制茶壶里的茶水,并试着猜测茶的产地和水的来源。换句话说,这是一场证明江户市民在味觉方面有多么细腻的游戏。

虽然年代有些久远,但是有这样一则故事,是关于一家名为"八百善"的店铺的,该店铺位于今天浅草的山谷桥附近。

某一日,几个附庸风雅的人来店里,点了一份茶泡饭。然而左等右等都不见茶泡饭端上来,等了半日左右的时间,茶泡饭才终于上桌。虽然等了很久,但他们当时应该也是很悠闲的,并不着急,吃完茶泡饭准备结账的时候,却被告知要付一两二分钱,按今天的货币计算,大概是 40000 日元。当问及老板为什么会这么贵时,老板如此做了解释:

"不,并不算贵,这里面的酱菜用的是冬日里少见的茄子和黄瓜,茶叶用的是宇治的玉露,米饭粒粒精选自越后的大米,这些暂且不说,其中最昂贵的当是泡茶的水,因为附近的水质不够好,配不上宇治的顶级茶叶,所以我们雇了一个脚力好的跑腿的人,一直到玉川上水的取水口(现在的羽村市)把泡茶的水运了回来,所以是花了大价钱的。"

从那时起,这家店铺愈发繁荣。这是当时一些风流人士口中的故事,用现在的话来说,那些人都是一些花花公子,所以他们的话可能代表不了日本人的精神构造。但是,也不能就此认为日本人的性格是漫不经心、满不在乎的。

把地板视作道路延伸的西式住房

上文提到,大约四百年前,日本人就已经获得了近百个品种的改良水稻。只有长时间不断地对水稻优胜劣汰,才能最终实现品种的改良。

日本农民能够如此坚持不懈地做到这一点,意味着我们可能忽略了这样一个观点,即日本文化也是经过了一个不断优胜劣汰的过程最终成形的。

我认为,我们在指出日本文化的过时性和落后性方面过于草率,也许对江户时代以前的日本人缺乏公正的看法。

今天,我们已经习惯用砂浆和钢筋混凝土建造房屋,穿着鞋子站在地板上的生活方式。

当我还是个学生的时候,就一直抱有一个疑问:为什么日本人进房间要脱鞋,而西方人就可以穿着鞋子进去?对于这个问题,我曾突发奇想,会不会是因为西方的城市道路完全是用石头铺成的,而日本的道路是用泥土铺成的,因此日本人的鞋子更容易脏,不能像西方人一样可以穿着鞋子进家门,也正是出于这个原因,有人就说,这是日本文明落后的象征。然而,果真是这样吗?诚然,在西方城市,道路铺设得非常好,人们的鞋子不会直接沾到泥土。然而,在农村地区,即使鞋子很脏,西方人仍然会穿着鞋子进入房间。

我想这还是因为他们对住宅的看法与日本人不同。

可以说，西方人住宅中的隔墙相当于日本的树篱。西方人房间内的地板相当于日本庭院。而西方人房间里的椅子和床才等同于日本住宅的地板。只要试着观察一下他们在日常生活中如何利用自己的住宅，就能搞清楚这一点。

西方人在上床的时候会脱鞋。有事需要站在椅子上时，体面的人也会脱掉自己的鞋子。而日本人往往只会在玄关处脱鞋，在庭院或者树篱内外都不会脱鞋。但当日本人脱了鞋进入家中后，就可以像西方人在床上那样，直接坐在或者躺在房间地板上。

换言之，对西方人来说，他们的"地板"就仅限于椅子面和床面了，因此可以说他们在一块面积十分狭小的"地板"上过着每天的生活。而日本人在家中，地板本身就是床和椅子，在日本人生活中所使用的床和椅子都相当宽敞。

除一部分年轻人之外，西方人一般不坐在地板上，因为他们认为坐在地板上是有失体面的行为。这与日本人不愿意直接坐在庭院的心理类似。

因此，在西方文化中，家的内部其实是道路的延伸，是庭院和路面，而床和椅子才是"房间地板"。

造成这种差异的原因可能与日本的气候有关。日本是非常潮湿的。为了应对这种情况，住宅的上下及周围，都设计成了防潮湿的结构，所用的建筑材料也都是便于通风防潮的。

结果就是，日本的房屋大都是木结构，而在西方，只要有个屋顶能够防止雨露滴入房间，四周有面墙壁能够阻挡户外的空气就足够了。

奈良时代就已经能够烧制砖块，却为何弃之不用呢？

这是在不同的风土气候条件下衍生出来的生活智慧，无关乎孰优孰劣。

然而，若是认为日本当时建造房屋只有木材可用，所以房子大多是木结构，那就不太对了。日本拥有丰富的木材资源，这对于潮湿且地震灾害频发的日本来说也是十分幸运的，因此，我们更应该为大自然的恩赐而感到高兴。

日本之所以选择木结构的住房，并不是因为用石头和砖建造房屋在技术上无法实现。

应该考虑到，日本人不使用砖或石头是有与其自身条件相适应的原因的。

日本长期以来都在烧制质量上乘的瓦片，其地质本身也含有丰富的陶土和黏土。事实上，日本的黏土、陶土储量在世界上都是很罕见的。如果有必要，烧制砖块这件事在日本全国都不是问题。

考虑到今天世界上有20%—30%的陶器是日本制造的，上述情况当是丝毫没有争议的。在当前的状态下，日本有足够的陶土可以维持几千年的陶器制造，黏土更是如此。因此，如果要利用陶土或黏土炼制砖瓦、建造房屋，是完全有可能的。

而且，日本历史上的确曾有过这样的历史。奈良时期（710—794年）的寺庙，如东大寺，其地板就是用被称为"磚"（该名称取自中国）的砖块铺成的，其中一些砖板上还有佛像的浮雕。平城京和平安京的路面也都是用砖板铺设的。

所以说日本人曾经是尝试过的，然而中途却放弃了，这是为何呢？

因为砖块不适合日本的气候。砖头铺在路面上，从空气中吸收和排出水分的同时，也会从地面吸收和排出水分。砖块经过素烧就有了储水的特性，这意味着它会不断吸收水分，直至饱和。

因此，如果在房屋中使用砖块，它的储水特性会导致居住空间内的湿度上升。这意味着，如果要住在砖房里，就必须把所有的门窗都打开，即便把砖块只用作支撑屋脊的顶梁柱，房间也是无法居住的。

就这样，日本人曾一度在住宅中使用砖块，但在奈良时期（710—794年）和平安时期（794—1192年），当意识到这并不适合日本潮湿的气候以后，就放弃了。

然而之后却忘记了这一点，到明治时代（1868—1912年）

西方文化大量涌入，日本人又开始建造砖瓦结构的房屋。

从大约明治三十八年（1905年）开始，江户城前的丸之内楼房区就陆续建起了砖瓦式的建筑，这就是被称为"一丁伦敦"的旧三菱大楼，虽然到今天已不复存在了，但还是被当时的人们视为现代化的建筑。只是在建成后才发现，室内的砖块很容易被白色的霉菌覆盖。于是，为了防止这种情况的出现，就开始在内墙涂抹石灰，但无论怎么涂，石灰都会很快剥落。

木制与纸制的房间更适合潮湿的日本

在日本，由于湿气多，室内室外的湿度升高就会导致砖块中滋生细菌，于是墙上就会出现白色的霉菌。

在明治时代（1868—1912年），学校的图书馆大多是用砖砌成的，因此也就导致馆内的书籍吸收了湿气而受损，这样的情况并不在少数。同样也是出于这个原因，到今天我们就不再用砖块建造书库和仓库了。那些看起来像砖块砌成的建筑物，只是在外侧装饰性地贴上了砖块外形的瓷砖而已。

东京站的丸之内一侧铺的也是砖块。

也就是说，不建造砖块结构的房屋并非因为做不到，只是因为在漫长的历史进程中，人们摒弃了这种建筑方式，就像是缺乏适应性的作物品种最终会被淘汰掉一样。

木材的生长生活条件与人类皮肤处于同一水平。日本人注意到了这一点，于是选择木材作为建筑材料。在潮湿的气候条件下，木材为日本人创造了适宜的居住环境，最终被人们采用，木结构的建筑也由此得到发展。

日本人对于泥墙和毛坯墙的使用也并非因为工序简单、制作容易，还是得益于泥墙、毛坯墙吸收和排出湿气的水平正好与人体所需相适应。

在考虑到阁楼这一换气空间空气的适度流通后，叠加吊顶板的方法也得到了完善。榻榻米也是如此。

就像日本典型的木结构的房屋与日本的风土气候相适应一样，从石器时代的竖穴状的居所开始，发展到弥生时代的高地基式的住宅，而后又受到了中国文化的影响，在 8 世纪以后出现了宫殿和贵族建筑，这些建筑风格随后又被民间建筑吸收，最终形成的就是如今日本的木结构的房屋。这样一个漫长的过程中，日本人经历了无数次的选择和取舍。

之后，西方的建筑风格传入日本。于是日本人也在房间中安上了玻璃窗，摆放了椅子和床铺，但是日本人在使用这些东西的时候，进行了思维上的转换。

日本人之所以产生将被子作为移动床铺的想法，还是因为日本气候潮湿，需要时不时晒晒太阳，以达到杀菌除湿的效果。特别是在梅雨季，一想到铺在地板上的床铺湿漉漉的，就让人无法入睡。

以日本房屋的结构，在房间里安装纱窗也是极其不合理的。如果安装了纱窗，就必须人工通风换气，否则会出现呼吸不畅的情况。

在日本的风土气候条件下，保障房间内外的空气持续流通是非常重要的。

日本没有外国那么大的温差，因此也无须完全隔绝房间内外的空气流通。当你去欧洲的时候，就会发现那边白天特别热，晚上特别冷。这是由空气干燥、湿气少造成的。为了应对这种情况，欧洲人会尽量隔绝房间内外的空气流通，于是他们的住所一般都是石头建筑，而且窗户很小。

在日本，空气中的湿度很高，也正因如此，湿度会抑制温度的急剧变化，所以也就几乎没有必要隔绝内外空气了，比起隔绝内外空气，日本人面临的问题更多在于如何应对湿气。

于是，日本人在建造房屋时，就多会选用木材、纸张或者布之类的帘子，略微地阻挡一下空气流通，以此来应对潮湿的问题。

凡尔赛宫和伊势神宫的差异是什么？

今天，玻璃和混凝土建筑正在蓬勃发展。这可能是时代的要求。然而，为了在其中舒适地生活，空调和除湿器这种人工通风系统已经成为一种必要。换句话说就是，过上舒适生活的唯一途径是消耗大量的能源资源。

从这个意义上来看，木结构的日本建筑式样不仅是最适应日本气候的，也是十分经济的。

然而，前面已经提到，在江户时期，这些建筑多次遭到大火的蹂躏。这是因为当时大多数房屋都是用木材搭建的，屋顶也是木板铺的。

所以，当我们从"适应日本风土气候"这一点去回顾时，日本木构造的住宅剩下的唯一课题可能是如何应对火灾。

时至今日，日本还保留了几座历史性建筑。

其中，到访日本的西方人最为欣赏的是日光东照宫[1]，它是由德川家光建造的。当然，可能也有例外，但平均而言还是东照宫。

每当我听闻此事，就会在脑海中浮现出17世纪末建于法国的凡尔赛宫和同时期于日本改建的伊势神宫[2]两座建筑的身影。这也让我重新开始思考民族和风土气候导致的情感层面的差异。

---

[1] 日光东照宫：位于日本栃木县日光市的神社，是东照宫总本社，主祭神是东照大权现（德川家康）。日光东照宫和久能山东照宫、仙波东照宫并称为"日本三大东照宫"。

[2] 伊势神宫：位于日本三重县伊势市的神社，主要由内宫（皇大神宫）和外宫（丰受大神宫）构成。

凡尔赛宫是在波旁王朝皇权鼎盛时期建造的。整座宫殿的装潢十分华丽，每一根柱子、每一个栏杆以及每一处空间，都比日光东照宫装饰了更多的金银、点缀了更绚丽的色彩。此外，它的墙壁上还铺满了当时伟大装饰画家的画作。这座建筑的富丽堂皇令人叹为观止。

不仅是凡尔赛宫，西方保留的大部分文化遗产都被装点得如此华丽，以至于让人觉得"豪华绚烂"这个形容词就是专门为这些建筑而存在的。这一特点在宫殿和教堂中表现得尤为显著。

可是，看着这些建筑我不禁思索起来。说到底，我在想这些通过色彩和外形表现出帝王威仪的宫殿，是否真的可以被称为所谓高级文化。日光东照宫是一个极端的例子，尽管奢华程度不及凡尔赛宫，但在日本也还是有一些装饰华丽的建筑的。

权力的象征——东照宫，精神的象征——桂离宫

东大寺的南大门，构筑顶部的时候，并不是直接在柱子上安放横梁。而是采用了下面这个方法：先安一个斗，再放置一个"栱"①，然后在此基础上再装一个斗。据考证，这是一种分散外力的建筑方法，为的是防止地震时门顶部的坍塌，这也展现了日本人高超的智慧。然而，不久后此类构造就成为一种装饰品。也

---

① 栱：四棱柱或圆柱状的建筑材料。

就是说，该建筑构造超越了它最初的应用目的，变得有些没必要了。

此外，屋檐后面的橡子也被故意暴露出来，并涂成红色。两个橡子中间的部分被涂成白色。于是一个红白相间的美丽格子图案被创作了出来。同时，门的柱子也被涂成了红色，并在上面描绘了图案。

平安京的皇居之一清凉殿等也是如此。格子窗的窗纸等处都描绘着图案。虽然费力气去画，但却没完没了，总也画不完。后来干脆就放弃了，而把全部的窗纸都涂成一种颜色。木料则选择不上色，就保持木材的原色。

足利义满建造的金阁寺（1397年）也堪称豪华。最早在建筑物上贴金箔的是建造法成寺（1020年）的藤原道长。道长的做法，使他的儿子赖通在建造宇治的平等院（1052年）时，也在院内贴上了金箔，并命人作了壁画。

奥州的藤原秀衡见状，建造了中尊寺金色堂（1124年）。该建筑物内外都被涂上黑漆，又贴上金箔，里面的长壁龛、柱子、须弥坛等都进行金莳绘①，镶了螺钿②，并涂上极其鲜艳的色彩。更重要的场所还装了镂雕宝相华文的锁，极尽奢华。包括屋顶

---

① 金莳绘：用漆在漆器表面画上图画、图案或文字，然后在干燥前撒上金粉，使其固定在器皿表面的绘画技术。
② 螺钿：把螺壳或贝壳镶嵌在漆器、硬木家具或雕镂器物的表面，做成有天然彩色光泽的花纹、图形。

处，也在木瓦上涂了漆，并贴上了金箔，以至于有人说下雨的时候，这里甚至会滴落金色的水滴。

在某种程度上，这些建筑的华丽程度已经不亚于凡尔赛宫了。

越是有权势的人，就越会为了夸耀自己的权势而竞相彰显奢华。

直到足利义政修建银阁寺（1489年）才有所改变，银阁寺是因财力不足而被迫妥协的产物，足利义政试图用银箔铺满银阁，但是最终仅覆盖了二楼的一部分，就被迫放弃了，因此银阁寺表现出来的不是豪华，而是文化。通过调整庭院里的银砂（实际上是白砂）表面的角度，月光从覆盖银箔的地方反射出来。当光线从银板上反射出来时，就会变得更亮，这是一种利用光线折射而实现的采光技术。

盛放银砂的平台有三个，每一个高度都不同，其中最高的平台将光线反射到二层的天花板上，而另外两个平台的设计是为了让光线反射更进一层。可以说这是因为财力匮乏而诞生的智慧。

进入江户时代，德川家光建造了日光东照宫。这一时期中国的建筑技法传入日本，东照宫正是受中国的影响而建造的。

有趣的是，东照宫建成的时候，京都的桂离宫[①]也正在施工当中。

[①] 桂离宫：1620—1624年，江户时代皇族八条宫的别墅。

日光东照宫和桂离宫的差别之大,甚至让人怀疑,这真的是同一民族建造的吗?如果说日光东照宫是当时权力的结晶,那么桂离宫就是桂宫家①的别墅,是一种与权力相去甚远、纯粹表现精神文化的产物。

"日本建筑缺乏连贯性"只是肤浅之见

进入明治时代以后,日本完全模仿西方文化,建造了赤坂离宫②,赤坂离宫称得上是迷你凡尔赛宫,它与凡尔赛宫大小相同,铁栅栏也一样,不同的是凡尔赛宫是正方形的,而赤坂离宫的外形是狭长的。

像这样,在纵向的时间轴上观察各个时代以及象征各个时代的建筑物,就会发现日本的建筑文化缺乏连贯性。也就是说,只是受外来文化影响而诞生的由各个时代不同的建筑样式层层叠加而成的建筑。

有时也会出现像日光东照宫和桂离宫那样,虽然处于同一时代,但风格却完全不同的建筑样式共存的情况。

在这个过程中,日本民众从当权者建造的建筑中,发掘可以为自己住宅所用的特色,并吸纳融合,创造出与以往住宅样式相

---

① 桂宫家:日本皇室过去曾存在的宫家。
② 赤坂离宫:日本最大的西洋式宫殿。

协调的建筑风格。

因此,不同时代的当权者建造的建筑物中存在的那种断层感、割裂感,其实并没有体现在民众的住宅上。也就是说,日本的建筑样式在一点点变化的同时,也在朝着一个新的层次不断演进。

我认为,这就是日本文化前进的姿态。

推陈出新,这是一个无限反复的过程。

"道"的含义就是无穷无尽。每当受到外来文化的刺激,日本文化都会在扬弃的基础上与外来文化进行融合,就是在如此一个漫长的进程中,日本文化不断向前发展。

所以,倘若只是挑出中间的一个阶段进行观察,就会发现一些同本国文化性质相异的东西。掌权者为了夸耀自己的权力和财富所做的事情,其性质大体上都彰显了与本国固有文化的差异。

从日本文化的发展大潮来说,一些东西的异域色彩过于浓郁,并不符合日本人的气质。

从建筑样式的角度来说,我们是要去除过剩的装饰,最终回归伊势神宫那种直线与直线交叉而成的单纯之美、自然之美、简朴之美。伊势神宫的美具有一种原始的朴素,是一种简约到极致的美。

因此,可以说伊势神宫的美同现代的前卫艺术是一样的。甚至有时仅仅只需在白纸上落下一个墨点,就能表现出森罗万象之美。

点缀堆叠的东西越多就越能展现出文化，否则展现出的文化就越少，我认为这种机械主义、形而上学的文化评价观是不成立的。

日本的住宅仅是由直线和直线的交叉构成的原因在于，日本人在建筑时所用的木材多是树干笔直的针叶树。

但是，一路上经历过各式各样的美之后，最终触及日本风土和日本人心灵的交汇点的，不正是"简约、质朴之美"吗？

说到底，我觉得日本文化的整体与茶道、花道等人类修行的意义相同，不都是走在一条生活大道之上吗？

为何在高松冢古坟中看不到佛教色彩

前几年，在奈良县高市郡明日香村平田，考古发现了高松冢古坟壁画，引起了巨大轰动。其中让我最感兴趣的是，从这座古墓的壁画中完全看不到佛教色彩。

学界一般认为高松冢古坟建于公元七八世纪。

佛教于 6 世纪传入日本，7 世纪前半叶，圣德太子①建造了法隆寺。8 世纪初，奈良的都城（平城京）建成。因此，从以往的历史来说，高松冢古坟建成的七八世纪正是佛教最兴盛的时

---

① 圣德太子：日本飞鸟时期政治家。

代。尽管如此，在高松冢古坟中却没有发现任何能够证明日本佛教盛行的东西。相反，这些发掘出的东西体现出的尽是中国道教的影响。

壁画中描绘的玄武（内壁）、青龙和太阳（东壁）、白虎和月亮（西壁）、星宿（天花板）的图案，即所谓的"日月星辰"，表现出了人们的"四神信仰"，这是道教的信仰。道教源于中国对自然的崇拜。壁画上描绘出了这种对自然的崇拜，却没有任何象征佛教的莲花或佛像的图案。

另一方面，几乎处于同一时代的法隆寺，其金堂的壁画中则描绘了释迦三尊的画像。

最近有学说认为，高松冢古坟的壁画与法隆寺的金堂壁画之间并未存在太大的时间差。

因此，我们得知，在当时的日本，有两个性质完全不同的宗教并存。一个在寺院里，一个在坟墓中。另外，在日本的正史中，关于佛教的传入记述得十分详细，而对于道教自中国传入日本的情况却只字未提。

也就是说，高松冢古坟壁画的发现，对当时日本人在宗教信仰层面普遍信仰佛教的这一史料提出了异议。从这个意义上来看，高松冢古坟的发掘是十分具有冲击力的。

秉持开放宗教观的日本人

对于这座古坟表现出来的对日本宗教信仰的异议，可能的答案是绘制壁画的是当时东渡日本的外国人。有一种说法是，7世纪初从朝鲜东渡日本的黄文画师①们为高松冢古坟绘制了壁画。但是，这点并没有确凿的证据。

不过可以确定的是，不论古坟的主人是谁，在坟墓这个亡灵的世界里，存在着道教的四神信仰。

和其他任何文明都一样，日本最古老的信仰是一种基于万物有灵论的本土原始信仰，日本人也曾认为"万物皆有灵"。

而随着水稻种植的农耕方式逐渐定型，日本进入农耕社会，就顺理成章地出现了以水稻的守护神太阳为中心的"栖息于万物的神灵"体系。

于是日本人就逐渐构建起以太阳为至高神的神灵世界。后来，在对诸多神明的信仰过程中，形成了一种统一的神明信仰观，日本神道教也由此诞生。

因此，日本的宗教观并不是严密且单一的，而是多样的，具有很多原始信仰的元素。所谓多样化的宗教观，相较于单一的宗教观，就少了许多排他性要素。也就是说，对比其他宗教，日本

---

① 黄文画师：黄文氏的朝鲜人来到日本后形成的一个画师集团。

的宗教具有相当的开放性。因此可以说，它孕育了接受外来各种宗教元素的土壤。

在我看来，最合理的考量应该是，首先随着中国文化的传入，作为中国自然信仰、民间信仰的道教与日本的神道教重叠在一起。之后以此为媒介，佛教又融入其中。

也就是说，佛教不是直接从印度传入日本的，而是先进入中国，与中国原有的道教进行了一次融合。在这个相互融合的过程中，佛教在中国扎根了。

据说佛像最早传入日本是在钦明天皇十三年（552年），佛教要在日本扎根，当然需要一定的时间。这个过程并不是一蹴而就的。应该说，佛教仍是以道教为媒介，将道教这种与日本传统信仰相近的宗教作为黏合剂，最终在日本传统信仰中扎根了下来。

因此，通过古坟的发掘证实了道教曾存在于日本，这是一件意义深远的事情。

就如同我们所知的那般，在佛教传入日本后的短短岁月里，法隆寺和其他寺院相继建立，佛教的确在日本绽放出了绚烂的花朵。但是，这种现象只是存在于现世的地上世界，而在坟墓这个象征逝者的地下世界，换句话说，也就是日本人的内心深处，佛教还未能触及。

"神道教式的婚礼，佛教式的葬礼"并不矛盾

高松冢古坟虽然是在佛教盛行的时期建造的，却不带有任何佛教色彩，我认为这就是证明佛教并未触及日本人内心深处的珍贵史料。

尽管当时盛行修建寺院，佛教的信仰也受到鼓励，但也并不能据此认为当时的人们一下子就把佛教视作生活信仰。

在生者的世界，佛教或许确实是人们的信仰，但是在逝者的世界中，还残存着对自然的信仰。

我认为，那才是诚实的日本人所怀抱的生活信仰。

当时，以皇室为中心的信仰的确是佛教。佛教在绘画、雕刻、建筑等技术层面也展现出了较高的文化水准。

但是，如果说高松冢古坟当真是在8世纪初建成的，那么就可以确定，在奈良古都建成的那个时期，佛教还尚未具备支配日本人精神结构的影响力。

应该说，彼时的佛教也只是体现在生产生活的技术当中，并未能深入普通民众的生活当中。

如前所述，日本的传统信仰并不排斥外来信仰，而是具有一种兼收并蓄的特点，这也就说明了日本人精神结构的多重性。

而江户时代的人们则不同，一方面他们会作为施主将自己身

后的世界托付给寺院,另一方面,祭典则会按神道教的传统举行。

为什么江户人如此喜欢祭典

从德川家康于江户城开创幕府到明治时代的近 300 年间,江户的百姓超过 120 万人。然而在天正十八年(1590 年),即德川家康进入江户城以前,土生土长的江户人,只有约两千人。所以后来的江户人几乎都是外乡人。

江户人口急剧增长是在参觐交替制度开始施行的宽永十三年(1636 年)前后,到元禄时代(1688—1704 年)约有 80 万人,到文化、文政年间(1804—1830 年)达到了 100 万人,而到幕府末期则达到了 120 万人。当时的百姓大部分定居在平民区,作为外乡人的他们不久就培养出了连带合作的意识,并怀抱着"江户一代"的骄傲生活了下去。

祭典在强化连带共同体意识方面发挥了很大的作用。

例如,共同参拜神田明神的人之间就会产生一种都是同一神明的子孙,都受同一神明庇佑的连带感和归属感。

浅草三社权现①的子孙、深川八幡②的子孙,这些身份成为人

---

① 浅草三社权现:浅草寺本堂东侧的浅草神社。
② 深川八幡:深川八幡宫位于东京都江东区富冈,在此举行的祭典也称作"深川八幡祭",被列为江户三大祭之一。

们相互沟通的基础,于是归属感、连带感产生了,而用以确认这种连带意识的行为就是"祭典"。

江户人喜欢祭典,对祭典也是出了名的热衷,留下了很多奇闻逸事。

比如曾有一木匠师傅卖掉了木工工具,典当了妻子的衣服,换了钱,只为买参加祭典的服饰。从中就可以看出江户人是很重视祭典活动的,哪怕要做出这种看似没有常识的事情。因为他们是为祭典做出了牺牲,所以是有正当理由的,也就不算是坏事。但是,即使是超出自己生活水平的事情,也要满不在乎地去做,这其中是存在不合理的地方的。然而,这种不合理从结果上来说却也显得如此合理。

对江户人来说,参加祭典是确认共同体意识的行为。因此,如果不参加,就会被排除在共同群体之外。一些本就是外乡来的人,一旦被排除在外,与江户间的羁绊也就被切断了。因此哪怕需要做一些不合理的事情,但只要参加了,以后的生活就会有保障。这样的结果是,祭典越来越盛行。

确认连带意识的三大祭典

确认连带意识的三大祭典俗称"江户三大祭"。据说是因为有三大祭典,所以对应的神社也有三座。其实有四座神社。

第一座是被称为江户城的镇守、镇护之神的赤坂日枝山王的神社。赤坂位于江户城的西南方向。因此，日枝山王神社也是守护江户城西南方的神社。

中国的道教认为西南、东北方位是最危险的。

日枝山王神社的建立也证明了在江户时代，道教思想依然与神道教相融合，而守护东北方又一个危险方位的是汤岛的神田明神。

神田明神原本位于大手门，后从那里移到了江户城东北方。该神社是以平将门为祭神的。平将门是平安中期的武将。他站在民众一边，活跃在历史舞台当中，是一位颇受江户人欢迎的武将。神田明神在供奉平将门的同时，还供奉了另一位国土开拓之神——大国主命。

也就是说，日枝山王神社和神田明神是守护江户城鬼门的神社。

第三座神社是浅草的三社权现。

浅草三社权现与浅草寺共享一处院落。这是神佛共存的时代遗留下的痕迹。这座神社与江户城没有直接关系。

据说在推古天皇时代（592—628年），桧熊滨成和桧熊武成两兄弟在隅田川的驹形桥附近捕鱼时，用渔网捕捞到了浅草寺的观音。

浅草寺是为代表江户城的庶民百姓而建造的寺院，并在之后昌盛繁荣起来。虽然江户城中有很多寺院，然而大都是大名和将军家的菩提寺。纯粹为庶民百姓而建的寺院，只有浅草寺。

因此，浅草寺没有受到任何大名和将军的保护。这也促成了江户人对浅草寺的珍视。

浅草三社权现，是供奉桧熊两兄弟以及二人先祖的神社，他们二人为浅草寺的修建打下了基础。如今浅草三社权现被称为浅草神社。在江户人的心目当中，浅草神社十分重要。

第四个是深川八幡。随着时代的发展，江户市内人口逐渐增加。

从向岛开始到龟户一带，过去是农村的地方逐渐城市化。于是，深川门前仲町出现了一些烟花柳巷，成为供隅田川附近的江户人游乐的繁华场所。于是在隅田川东边的深川，供奉了深川八幡宫。

这四个神社作为江户时代有代表性的神社，举行的"祭典"，即江户三大祭。

四社却有三大祭，实际上是轮流祭祀。

只有神田明神才会每年都举行祭典，其余的日枝山王神社、浅草三社权现、深川八幡，都是互相协定，以几年一次的方式轮流举办。

最终，江户人通过这些祭典，确认了他们之间的连带意识。

为什么直到幕府末期江户都没有爆发过动乱呢?

在江户时代,除了幕府末期的混乱之外,江户城就再也没有发生过一次暴乱。另外,从幕府末期到明治维新这段时间,即使在发生倒幕运动时,江户的市民也没有参与进去。

一般来说,面对统治者,被统治者总是选择对立、抵抗的态度,这是历史的常态。然而江户人却相反,他们愿意相信德川家,愿意站在德川家的缘由,前面已然提及过,在发生饥荒灾害或火灾时,德川幕府会从行政上对百姓施以各种关照,例如开官仓发放救济粮等。但是,更多的还是源于"祭典"的存在。

神田明神和日枝山王神社举行祭典时,神轿[①]会被抬入江户城的大手门。神轿会在大手门桥上从将军使臣手中接过被称为"奉戴物"的供品,然后再被抬出大手门。

接下来,神轿会绕到竹桥,进入今天的皇居——西之丸。因为神田明神和日枝山王神社中供奉的都是江户城的守护神,所以神轿需要从江户城中通过。

西之丸有一座被称为"御览处"的看台。将军会和家人们一起登上这座看台,在那里参拜民众抬着的神轿。这使得江户人感到高兴。因为掌握天下实权的将军与自己同属一位神明的子孙的

---

① 神轿:放有神明排位的轿子。

意识在此处得到了确认。

江户人心中那股"生于神田的一代"的自豪感，正是诞生自每年的祭典当中，在祭典上，他们确定了自己与掌握天下实权的将军同是神明的子孙，同受神明的庇佑。

同样，住在新桥至溜池一带的江户人，也因自己受到日枝山王神社的护佑而骄傲。

江户是一座移民城市，对于江户人来说，原本并没有什么东西可以作为自己内心的依靠。于是乎，他们通过祭典将彼此联系起来。执政者也会特意让神轿进入城中，自己也会参与到那种归属感和共同体意识的构建中。

因为同样作为神田明神和日枝神社的子孙，受神社庇佑，在这层意义上，便形成了将军与百姓平等的横向连带意识。就是说，在百姓的横向连带意识中，执政者一方面通过信仰与百姓联系在一起，而同时又在百姓之上建立起了纵向的统治关系。

同是"江户人"的身份，又强化了这种横向的连带意识。

这就是为什么当时的江户百姓没有发动暴乱，参与倒幕运动。

宗教人口是总人口的 1.5 倍，令人不可思议

祭典是对神社，也就是神道教的信仰。这个信仰对于江户人

来说是生活的保障，十分重要。尽管如此，他们的户籍还是以施主形式隶属于寺院，寺院供奉的是佛教，若是父母去世，就会在寺院为父母举行葬礼。也就是说，江户人既信仰神道教又信仰佛教，这点从单一信仰的宗教观来看，是非常矛盾的。

但是，我却没有感受到丝毫矛盾。

实际上，在日本的佛教中，即使是最具排他性的日莲宗，也在曼陀罗（诸佛菩萨图）中描绘了八幡和天照皇大神。八幡是神道教的象征。而日莲宗就这样使用了与佛教毫无关系的"八幡"这一神道教用语，这也证明了其已然看透了日本人多重精神构造的特点。

日本人的这种精神结构，从古代到中世，再到江户时代，并一直延续到现代，似乎没有丝毫改变。

现阶段，日本的人口约为 1.2 亿，若是统计宗教人口的话，则会有 1.8 亿。也就是说，隶属于某一宗教集团的日本人达到了日本总人口的 1.5 倍。这种现象可能只会发生在日本。

然而，当我们调查日本人的宗教信仰，会发现有一半以上日本人都没有宗教信仰。

综合这个结果来看，持有某种宗教信仰观的人只占日本人口总数的一半，约有 6000 万人。然而日本的宗教人口总数却有 1.8 亿，这也就是说，他们中的每个人都会信仰三种以上的宗教。

这在宗教信仰单一的基督教国家是绝对无法想象的。从常识上来说，有宗教信仰的人口应该与该国人口相同或略低于该国人口才对。

但是，考虑到日本人的特质——精神结构的多重性，这种现象恐怕从外来宗教传入本土的那一天起，就已经存在了。就像高松冢古墓中的道教壁画并未使人感到丝毫不可思议一样，这种同时信仰多种宗教的习惯，对日本人来说也应是理所当然的。

即使自认为是没有宗教信仰的人，也有可能是某座寺院的施主，也有可能参拜过某座神社。虽然会去寺庙里做法事，也会在正月里去参拜神社，但又不认为那就是自己的信仰。因为把家族的墓地安置在某座寺院，就觉得自己是那里的施主，因为住在某座城镇，就觉得受到那里守护神的庇佑。不管是哪种情况，这样的宗教信仰都有点过于随心所欲了。还有，因为是"老爹的要求"，所以试着加入了某个宗教团体。但是呢，加入之后又不愿放弃某座寺院施主的身份，而且还会在新年的时候去参拜神社。

如果是在有很强排他性的宗教中，日本人这种随意马虎的信仰，一定会受到斥责。

但是，从宗教原本的意义上来说，其具有排他性也是情理之中的。严格的基督教徒绝对不会去参拜神社。同样，佛教徒也不会随意改信其他宗教或宗派。这才是正常的行为。

日本宗教的共同点在于"祭祀先祖"

仅就日本人而言，我们原本的宗教是建立在万物和谐这一基础之上的，所以只要不对生活造成阻碍或者危害，我们也无所谓信仰多种宗教，以追求心灵的安宁。

江户时代，参拜伊势神宫以及各种朝拜圣地的活动相当盛行。对农民来说，朝拜圣地和参拜伊势神宫这种消遣活动是最具正当理由的。

有句俗语叫"临时抱佛脚"，但是在自己方便的时候就去参拜恰巧也"方便"的神明佛陀，不是更能求得内心的安宁吗？

日本人的宗教信仰，的确不够严肃，也有谋求生活便利的功利一面，但我认为，这也是一个人的生活方式。

只秉持一种信仰，其余一概拒绝。其结果就是，一些人甚至拿起武器，发动了宗教战争。所以不要那么歇斯底里，方便的话为什么不去信仰多种宗教呢？从宗教的本质来看，内心的平静不就是其所追求的吗？有错吗？

也正是这样的心理导致了日本的宗教人口达到了总人口的1.5倍。

然而，日本人虽然信仰多种宗教，但是有一种信仰却是凌驾于一切宗教之上的，那便是对祖先的崇拜。

天主教徒虽然信仰"上帝",但是却并不会刻意祭拜先祖。他们虽然也会像日本人那样去祭祀,但是却并不会叫上牧师前去祷告。

更不用说在先祖灵魂栖息的牌位前,供上食物,点上明灯,进行祭祀了。天主教徒祭拜先祖,只是为了向故去的人表达敬意。

而日本人对先祖的崇拜则超越了一切宗教和教派,至今一直延续着。正是在这种崇拜的感情上,承载起了各种各样的宗教。

尽管如此,日本人的精神却达到了平衡。

信仰一种宗教,保持精神平衡是一种生活的方法。而秉持各种信仰,比如在过路时会参拜地藏菩萨,也会双手合十参拜八幡大神,以此求得心灵的平静安宁,我认为这在很大意义上,也称得上是一种伟大的宗教精神。

若是把这样的宗教信仰看作低层次的、不入流的,那未免是对人类生活方式多样性的一种偏见。

这种灵活的精神构造才是真正重要的

多层次的或者扩建式的精神结构,也同样意味着人际关系的多层化。这种多层次的精神结构,也可以脱离宗教来谈论。日本人即使生活在各式各样复杂的人际关系中,也丝毫不会感到痛苦。倒不如说，正是人际关系的多层化，强化了日本人生活的保障。

在江户时代，人际关系就是通过祭典构筑起来的。此外，还有同乡身份联系起来的人际关系，因五人组制度形成的人际关系，以及职场中的人际关系，又或是基于血缘的人际关系。

就像"有舍必有得"这句话所表达的那样，通过各种各样人际关系的重复积累，日本人获得了精神上的安定。

其中任何一种人际关系，都可以阻止一个人被整个社会淘汰。

由于日本地处亚洲季风地带，又被火山带所包围，所以日本人在生活中总是对自然灾害感到担忧。换言之，因为不知道灾难何时到来，所以必须时刻做好心理准备。

因此，我认为日本人特有的多重性精神构造，正是为了应对这种不安而培育的生存智慧。

无论构筑的防潮堤多么坚固，都避免不了难以估量的自然灾害。或者说无论怎样都无法消除人们精神上的不安。

因此，比起坚固而顽强的精神结构，反倒是灵活、多层次的精神结构更有助于日本人应对担忧，获得内心的安定。我认为，这是日本人从日本的风土地理中学到的最大的智慧。我也愿意相信，诞生出如此智慧的精神生活，绝非是低层次的、不入流的。